AF557005

Gewidmet
Kapitän Erich-Nummel Krüss.
Verlässlicher Mentor, Forscher und Bewahrer.
Herz und Verstand der Helgoländer Dampferbörte.
Im letzten Jahrhundert auf der Landungsbrücke,
in diesem am PC.

Holger Bünning

Das Buch der Helgoländer Börte

Husum

Umschlaggestaltung unter Verwendung von Motiven aus dem Buch

Bibliografische Information der Deutschen Nationalbibliothek
Die Deutsche Nationalbibliothek verzeichnet diese Publikation in der Deutschen Nationalbibliografie; detaillierte bibliografische Daten sind im Internet über http://dnb.dnb.de abrufbar.

Abbildungen:
Botter, Petra, S. 122 unten
Bünning, Holger, S. 45, 46, 79, 81 oben, 92, 94, 104 rechts, 118, 119, 120, 123, 126, 131
Dampferbörte Helgoland, S. 41, 42, 43, 44, 54 oben Mitte, 58, 60 rechts, 71, 103 rechts, 116, 118, Cover
Fotodienst Höhler, 72, 73, 75
Grass, Winfried, S.119 unten links, 120 rechts
Köhn, Sven, 117, 122
Loeper, C., S. 121
Museum Helgoland, S. 12, 13, 14, 16, 17, 18, 19, 20, 21, 22, 23, 24, 25, 26, 27, 28, 30, 31, 32, 33, 34, 35 36, 37, 38, 39, 48, 49, 50, 51, 77, 84
Pfeifer, Stefan, 80, 81 unten, 82, 97, 108, 111, 112, 113, 114, 115
Schulz, Andreas, S. 52, 53, 54, 55, 56, 57, 59, 60, 61, 62, 63, 64, 65, 66, 67, 68, 74, 85, 89, 90, 91, 93, 102, 103 links, 104 links, 105, 106, 107, 109
VzEHB, Einbandrückseite, 124, 125, 128, 129, 130

2., durchgesehene Auflage 2019

Gesamtherstellung: Husum Druck- und Verlagsgesellschaft,
Postfach 1480, D-25804 Husum – www.verlagsgruppe.de

ISBN 978-3-89876-933-4

Inhalt

Diese Ausschiffung war tumultuarisch und nicht uninteressant. Ich verglich sie mit der Abzapfung einer brausenden gährenden Flussigkeit aus einer großen Tonne in Henkelkrüge. Ein Menschenstrom nach dem anderen wurde aus dem Dampfboote in große Schaluppen übergefüllt und auf tanzender Welle nach dem Ufer gerudert.

Ludolf Wienbarg „Tagebuch von Helgoland" (1838)

Irgendwann ist er dann selbst an der Reihe, läßt auf Zuruf brav die Arme hängen und tritt in die Luke. Plötzlich ergreifen zwei Hände ihn von beiden Seiten, es folgt ein schneller Schwung; für einen Moment nur steht er in der Luft, die Augen richten sich abwärts, unterscheiden diffus grüne Planken von weißen Bänken, und schon findet sich der Passagier mitten in einem schwankenden Boot wieder.

Jens Franke, Diplomarbeit „Das Ausbooten vor Helgoland in seiner zentralen Funktion für die Hochseeinsel" (1999)

Vorwort

Schon als Kleinkind hatten mich die Bräuche und Riten der Seemannskultur fasziniert. Schiffstaufe und Stapellauf, das markerschütternde Tuten der Typhone, der schrille Ton der Bootsmannspfeife, das unverständige Winken mit den Signalflaggen, die Zeiteinteilung in Glasen – das alles weckte natürlich auch in mir den Wunsch, den Seesack zu packen und die sieben Weltmeere zu befahren. Wahrscheinlich war es für mich wie für die Seefahrt besser, dass dieser Wunsch nie in Erfüllung ging. Die Faszination jedoch blieb und begleitet mich mein langes Leben lang. Ein Weihnachtsfest ohne die „Grüße an Bord" des NDR war für mich ebenso unvorstellbar wie ein Ausflug an die Elbe ohne Einkehr im Willkomm-Höft in Schulau. Und da war und ist weit draußen in der Deutschen Bucht Helgoland. Alle Jahre wieder lockt es mich auf den roten Felsen in der Nordsee. Die Fahrt dorthin eine richtige Seereise, bei der die Passagiere reihenweise blass um die Nase werden und über die Reling gebeugt lauthals die Fische füttern, meistens in Luv. Und ist das Ziel endlich erreicht, dann geht es erst richtig los. Da kommen sie, die Börteboote. Trotz ihrer Länge von zehn Metern und einem Gewicht von neun Tonnen wirken sie vom Oberdeck des Seebäderschiffs wie wackelige Nussschalen. Während einige meiner Mitpassagiere ängstlich die Stirn runzeln und sich verzweifelt die Hände kneten, huscht über mein Gesicht ein glückseliges Lächeln. Es gibt sie noch, die Börte. Hier, weitab vom Festland, hat sich eine der ältesten Traditionen der Schifffahrt im wahrsten Sinne des Wortes über Wasser gehalten: das Aus- und Einbooten. Gerne lassen mir die Helgolandnovizen den Vortritt an der Schiffspforte.

„Carlo, du Spacken, auch mal wieder da?" Noch während ich „Jo" sage, packen mich kräftige Seemannsarme und hieven mich an Bord des Börteboots. Der zweitschönste Moment meines Helgolandbesuchs hat begonnen. Noch während des Ausbootens organisiere ich mit dem Bootsführer den schönsten Moment: die Inselrundfahrt zum Sonnenuntergang mit einem Börteboot.

Mögen Neptun, Poseidon und alle Klabautermänner der Welt dafür sorgen, dass es die Börte auch in Zukunft gibt, diesen maritimen Anachronismus, der jedes Seemannsherz höher schlagen lässt.

Carlo von Tiedemann

Die Anfänge

Was viele in unserer schnelllebigen Zeit als Anachronismus anmutet, ist bei näherer Betrachtung nichts weiter als die ständige Entwicklung, Anpassung und Modernisierung einer einzigartigen Beförderungseinrichtung.
Seit sich in der Nacheiszeit vor etwa 8000 Jahren vor Christus durch Ansteigen des Meeresspiegels die Insel Helgoland gebildet hat, war die Bevölkerung zum Nahrungserhalt auf schwimmende Fortbewegungsmittel angewiesen. Für den Fischfang und Handel mit dem Festland wurden anfangs primitive Einbäume und Flöße eingesetzt, die sich im Laufe der Jahrhunderte zu robusten Mehrzweckbooten entwickelten, die gerudert oder gesegelt und in jetziger Zeit mit Maschinen angetrieben werden.
Mit ihnen wurde im 13. Jahrhundert auf der Insel abgebautes und verhüttetes Kupfererz zum Festland transportiert und mit dem Erlös Saatgut und Groß- und Kleinvieh erworben. Mit ihnen ging es auf Heringsfang, der so ergiebig war, dass Tonnen von Heringen in die wachsenden Städte Hamburg und Bremen verschifft und dort mit klingender Münze bezahlt wurden.
Und schließlich wurde seit Mitte des 15. Jahrhunderts mit dem Abbau und Verkauf von Gips und Kalk vom Wittkliff begonnen, was erst ein Ende fand, als in der stürmischen Silvesternacht 1720/21 die Verbindung zwischen Insel und Düne durchbrochen wurde.

Zeitgleich gewannen der Hummerfang und die Austernfischerei an Bedeutung und mit dem unerschöpflichen Schellfischfang Ende des 18. Jahrhunderts erlebte die Helgoländer Fischerei ihren Höhepunkt.
Der zunehmende Schiffsverkehr in der Deutschen Bucht bescherte den Helgoländern neben der Fischerei drei weitere Verdienstmöglichkeiten:
Lotsendienst. Die sich ständig verändernden Fahrrinnen im Mündungsgebiet von Weser, Elbe und Eider erforderten den Einsatz von ortskundigen Lotsen. Keine Seemänner waren für diese Tätigkeit besser geeignet als die Helgoländer Fischer, die seit Generationen dieses gefährliche Schifffahrtsgebiet befuhren. Bereits im Jahre 1615 verdienten 68 Helgoländer (bei einer Einwohnerzahl von knapp 400) ihren Lebensunterhalt mit der Lotserei.
Rettungswesen und Bergung. Die geografische Lage Helgolands im Zentrum der Deutschen Bucht führte naturgemäß dazu, dass die meisten Schiffsunglücke in diesem Seegebiet in unmittelbarer Nähe stattfanden. Jung und Alt hielt ständig vom Falm auf dem Oberland Ausschau nach Schiffen, die in Seenot gerieten. Bei Alarm waren die Helgoländer Fischer schnell zur Stelle, retteten Hunderten von Seeleuten das Leben und erhielten ihren Anteil an der geborgenen Ladung.

Das Strandprivileg von 1584. Dieses Privileg, das in den nachfolgenden Jahrzehnten verändert und erneuert wurde, sprach der Helgoländer Bevölkerung einen bestimmten Anteil bei der Bergung von Schiffen zu, die auf Helgoland gestrandet waren. Die Einnahmen aus dieser Tätigkeit schnellten zwischen 1637 und 1686 beträchtlich in die Höhe, als die Blüse, das erste Leuchtfeuer auf der Insel, außer Betrieb war.

Anfang des 19. Jahrhunderts bescherte die große Weltpolitik der kleinen Insel einen ungeahnten wirtschaftlichen Aufschwung, der in wenigen Jahren die Einwohnerzahl auf über 2000 hochschnellen ließ. Ähnlich wie wenige Jahre zuvor beim Goldrausch in Kalifornien und Alaska gelangten die Mutigsten und Skrupellosesten der Inselbevölkerung in kürzester Zeit durch Schmuggel zu Reichtum. England und Frankreich befanden sich im Krieg und als Antwort auf die britische Seeblockade der französischen Küste verhängte Frankreich die Kontinentalsperre und übernahm die Kontrolle der gesamten Nordseeküste. Bekanntlich mit Ausnahme der von den Briten in Besitz genommenen dänischen (!) Insel Helgoland. Der kleine rote Felsen wurde zum schmerzhaften Stachel im kaiserlichen Gesäß Napoleons. Der Schmuggel blühte, die Warenhäuser auf der Insel quollen über und die Statistik zählte 1807 140 ansässige Schmuggler, Spione, Agenten und Kaufleute. Der kühnste von allen war der Helgoländer Postschiffer Claus Reimers. Mit seiner Schaluppe „König von England“ narrte und verärgerte er ein halbes Jahrzehnt lang die Franzosen an der Nordseeküste. Er schmuggelte Waren, Post, Agenten und andere zwielichtige Gestalten an den französischen Grenzwächtern vorbei von Helgoland aufs Festland. Ein ums andere Mal riskierte er bei diesen Abenteuern sein Leben. Unterstützt wurde er von seiner Liebe Catharina, der Tochter des Neuwerker Leuchtturmwärters Wittke.

Die mutige Frau signalisierte ihrem Geliebten mit vereinbarten Lichtzeichen, ob Gefahr drohte und wo französische Soldaten lauerten. Inzwischen setzten die Franzosen einen hohen Preis auf den Kopf von Claus Reimers aus. Als sich die Schlinge immer enger zog, entschloss er sich, in einer letzten gewagten Aktion seine geliebte Catharina von Neuwerk zu entführen und nach Helgoland zu bringen. Sein Draufgängertum ließ in der bald darauf geschlossenen Ehe nicht nach, wovon 14 gemeinsame Kinder Zeugnis ablegten. 1951 setzte der Helgoländer Kinderbuchautor James Krüss mit seinem Hörspiel „Claus Reimers“ dieser Schmuggel- und Liebesgeschichte ein würdiges Denkmal. 1812 hatte die Schmuggelherrlichkeit ein jähes Ende, als Napoleon die brüchig gewordene Kontinentalsperre aufhob, um in Russland in die größte militärische Katastrophe der Geschichte zu marschieren. Helgoland wurde wieder zu dem, was es eigentlich immer war, eine kleine Insel in der Nordsee, auf der die Bevölkerung hart für ihr Leben kämpfen muss. Der Wegfall der Bergungsrechte, Ruhr- und Choleraepidemien und die schweren Schäden durch die Sturmfluten im Jahre 1825 ließen große Teile der inzwischen auf 2221 Personen angewachsenen Bevölkerung verarmen. Statt Lagerhäuser füllte sich in diesen Jahren die zum Armenhaus verwendete dänische Kaserne „Langer Jammer“ mit arbeits- und mittellosen Inselbewohnern.

Den Ausweg aus dieser hoffnungslosen Situation zeigte ein weitsichtiger Helgoländer auf, der als gelernter Schiffszimmermann zur See fuhr. Nach seiner Fahrenszeit kehrte er in die Heimat zurück und ließ sich als Bootsbauer auf Helgoland nieder. 32-jährig warb Jacob Andresen Siemens für die Gründung eines Seebades, wie er es auf seinen Reisen nach Föhr, Norderney und Wangerooge gesehen hatte, und am 19. Februar 1826 gründete er eine Aktiengesellschaft, die einen Badebetrieb auf der Düne aufnahm.

Mit der Ankunft des Passagierdampfers BEURS VAN AMSTERDAM, der drei Jahre später die ersten Badegäste aus Hamburg nach Helgoland transportierte (unter ihnen Heinrich Heine), und der Schaffung eines regelmäßigen Schiffsverkehrs von Hamburg nach Helgoland durch die Hamburgische Dampfschiffahrts Compagnie (Dampfer PATRIOT und Raddampfer ELBE) im Jahre 1834 wurde ein Anlandungsdienst notwendig, den wir heute noch als Dampferbörte kennen.

Die Aus- und Einbootung der Passagiere durch Helgoländer Fischer war alternativlos, da die Insel nicht über Landungsbrücke oder Anlegestellen verfügte. Die Fahrgastschiffe gingen auf der Reede vor Anker, wo die Passagiere in die Ruderboote (Rudder) stiegen und zur Insel gerudert oder auch gesegelt wurden. Bis zur Fertigstellung der ersten festen Anlegestelle im Jahre 1869 wurden die Gäste von den Männern der Börte die letzten Meter auf den Armen durch das Wasser getragen, damit sie trockenen Fußes ihr Urlaubsziel erreichten. Auf der Düne wurden fahrbare Stege ins Wasser geschoben, an denen die Rudder anlegen konnten.

Während sich in diesen abenteuerlichen Pioniertagen das Anlandungssystem der Börte bewährte und rechtlich manifestiert wurde, fand der Begriff „Börte“ schon über 100 Jahre in der Schifffahrt Verwendung. Ursprünglich stammt das Wort aus dem Niederländischen/Friesischen. Beurt oder auch Bört bedeutet Reihe, an der Reihe sein. Das trifft auf Schiffe zu, auf die die Ladung der Reihe nach verladen wird (Beurtschiffe, Beurtfahrt), oder auf die Besatzung, die der Reihe nach zum Einsatz kommt (Beurtmannen). So heißt es z. B. im Niederländischen: „een beurt krijgen“ = „an der Reihe sein“ und im Helgoländischen: „ik hoa en beert“ = „ich bin an der Reihe“. Auf Helgoland wurde dieser Begriff seit Mitte des 18. Jahrhunderts beim Auslosen der Lotsen benutzt. Wer ein „beert“ gewann, war an der Reihe.

Helgoland im 18. und 19. Jahrhundert

Die Helgoländer Reede Ende des 19. Jahrhunderts ➧

HF9

Südstrand 1892

Während der Kontinentalsperre (1713)

Blick von der Düne 1840

Helgoland und Düne Mitte des 19. Jahrhunderts.

4. Kapitel.

Geschichte Helgolands.

Die Börte zwischen den Kriegen

Anfang des 20. Jahrhunderts stand der Fremdenverkehr in voller Blüte. Inzwischen unter deutscher Flagge galt Helgoland als „tres chic“. Könige, Kaiser, Reichskanzler, Herzöge, Prinzessinnen, Prinzen, Dichter und Forscher von Weltruf gaben sich auf der Hochseeinsel die Hand. Am Himmel glitzerten Zeppeline und auf der Reede gingen die Dampfer PRINZESSIN HEINRICH, KEHRWIEDER, KAISER und ADLER vor Anker. In der Saison 1913 wurden erstmals über 100.000 Gäste aus- und eingebootet.

Zehn Fährboote und zwei Schlepper waren für die Dünenfähre im Einsatz. Die Männer der Börte wurden anteilig bezahlt, krempelten die Ärmel hoch und sahen der weiteren Entwicklung hoffnungsvoll entgegen, lief doch gerade das schönste Schiff der Nordsee, KÖNIGIN LUISE, vom Stapel und wurde im Liniendienst Hamburg–Helgoland–Norderney–Sylt eingesetzt.

Doch über Europa zogen dunkle Wolken auf. Säbel rasselten und an den Masten knatterten Kriegsflaggen im Wind. Im Nachhinein kann es als symbolisch betrachtet werden, dass zum Abschluss der Saison 1913 das Marineluftschiff LZ 1 vor Helgoland abstürzte. Es war für lange Zeit die letzte Saison auf der Insel. Mit Beginn des 1. Weltkriegs wurde die Zivilbevölkerung Helgolands evakuiert und mit den Schiffen COBRA und RUGIA zum Festland gebracht.

Neben der Fischerei versuchten die Helgoländer Fischer in den Kriegsjahren unermüdlich Hab und Gut von der Insel zu holen und vor Plünderung durch die 4000 auf der Insel stationierten Soldaten zu bewahren. Doch als die Bevölkerung nach Kriegsende im Winter 1918 mit den Schiffen PRINZESSIN HEINRICH und ADLER zurück auf ihre Insel gebracht wurde, standen sie vor dem Nichts. Ihre Häuser waren geplündert und teilweise unbewohnbar. Es blieb wenig Zeit, aber alle packten gemeinsam mit an, damit die Insel schon in der nächsten Saison wieder Badegäste empfangen konnte.

Trotz aller Widrigkeiten konnte die Börte Pfingsten 1919 ihre Arbeit wieder aufnehmen. Bereits im ersten Jahr nach Kriegsende kamen mit den Schiffen HÖRNUM, HELGOLAND, PRINZESSIN HEINRICH, BUBENDEY und GRÜSS-GOTT über 11.000 Gäste auf die Insel. Und es ging weiter bergauf. Die ganze Insel feierte 1926 den 100. Geburtstag des Nordseebades und empfing den HAPAG-Dampfer COBRA, der bis 1939 ununterbrochen im Seebäderdienst eingesetzt wurde. Ein Jahr später nahm der NDL-Dampfer ROLAND von Bremerhaven aus den Helgolanddienst auf und die Besucherzahl überstieg einmal mehr die 100.000er- Marke.

Der Himmel über Helgoland strahlte. Er strahlte, als die ersten Gäste per Flugzeug ihr Urlaubsziel in der Nordsee anflogen, er strahlte, als 1932 der erste ausländische

Dampfer, die SIMON BOLIVAR aus Holland, mit 200 Gästen Helgoland besuchte, er strahlte, als 1934 die zweite KÖNIGIN LUISE und 1939 das erste Turbinenschiff, die HELGOLAND, den Helgolandverkehr verstärkten. Ja, sogar ein Zeppelin glitzerte wieder am Himmel, als das Luftschiff GRAF ZEPPELIN über Helgoland flog.

Doch erneut tauchten in diesem Kriegsjahrhundert dunkle Wolken am Himmel auf. Und wieder rasselten die Säbel und wieder knatterten Kriegsflaggen im Wind. Die Welt, und allen voran das Deutsche Reich, hatte nichts dazugelernt. Am 1. September 1939 gebar der Wahnsinn nur 25 Jahre nach Beginn des Ersten Weltkriegs den Zweiten Weltkrieg. Den totalen, der mit der vollständigen Zerstörung Helgolands endete.

Zwischen den Weltkriegen

Auf fahrbaren Landungsstegen auf die Düne

„Rudder“ unter Segel, gerudert und mit Motor

Auf der „Lästerallee“

Anlandung der Gäste auf Behelfsstegen

Helgoland. Badeleben vor dem Kurhaus.
Grün ist das Land,
Rot ist die Kant,
Weiss ist der Sand,
Das sind die Farben von Helgoland

Vom Ruderboot zum motorisierten Börteboot

1319

KÖNIGIN LUISE, die Königin der Nordsee

Wie der Phönix aus der Asche

1951. Der Zweite Weltkrieg gehört seit sechs Jahren der Geschichte an. Die Geschütze schweigen, die letzten Kriegsgefangenen kehren heim, es wird wieder aufgebaut, was zerstört wurde. Frieden auf Erden.

Nicht so auf Helgoland. Schwerste Bombenangriffe führten in den letzten Kriegstagen zur erneuten Evakuierung der Gesamtbevölkerung, die weiterhin verstreut auf dem Festland lebte. Zigtausende Bomben prasselten auch jetzt noch ohne Unterbrechung auf die kleine Felseninsel. Großbritannien kannte kein Erbarmen und wollte die Insel von der Landkarte radieren. Am 18. April 1947 sollten 6.700 t Sprengstoff das Werk vollenden. Doch Helgoland hielt stand. Genauso wie die heimatlosen Helgoländer, die nur ein Ziel kannten: die Rückkehr auf ihre Insel. Trotz ständiger Bombenabwürfe der Royal Air Force näherten sich Helgoländer Fischer der zerstörten Insel und gingen auf Fisch- und Hummerfang. Die Verwegensten von ihnen betraten bei Nacht und Nebel die Ruinenlandschaft und sammelten unter Lebensgefahr Schrott, der unter einer Ladung Fisch verborgen aufs Festland geschmuggelt wurde. Im Sommer 1951 kamen sie mit 20 Fischerbooten und brachten 100 Helgoländer mit, die auf der Insel für die Freigabe demonstrierten. Im Herbst nahm der HAPAG-Dampfer VORWÄRTS mit 400 Helgoländern Kurs auf die Insel. Begleitet wurde er von der Flotte der Helgoländer Fischerboote, die die Gäste auf der Reede übernahmen und mit ihnen um die Insel fuhren. Auch international wuchs der Druck auf Großbritannien. Und endlich, am 1. März 1952 endete auch auf Helgoland der Zweite Weltkrieg. Helgoland wurde offiziell an die Bundesrepublik Deutschland übergeben. Die Pläne für Munitionsräumung und Wiederaufbau wurden in Pinneberg aus der Schublade geholt und die Helgoländer Fischer gehörten zu den Ersten, die vor Ort diese Herkulesaufgabe mit in die Tat umsetzten.

Heute sprengt es jegliche Vorstellungskraft, sich die Situation zu dieser Zeit auszumalen. Es stand kein Stein auf dem anderen, Trümmer machten ein Durchkommen unmöglich und Tausende von Blindgängern lagen zerstreut herum oder verbargen sich im Erdreich. Dantes Inferno hatte einen Namen: Helgoland.

Etwas weniger dramatisch als auf der Hauptinsel sah es auf der Düne aus. Aus diesem Grunde gingen hier die ersten Offiziellen, Arbeitertrupps und Rückkehrer an Land. Hier begann der Wiederaufbau und hier begann auch die Wiedergeburt Helgolands als Seebad. Ein Beispiel für den Optimismus, Mut und Elan jener Zeit war der Stapellauf des Gemeindeboots NR. 1 am 11. Juli 1952 bei Dodegge in Neuhaus an der Oste. Das Börteboot wurde sofort nach Helgoland überführt und konnte bereits am nächsten Tag die ersten Gäste, die mit der BÜRGERMEISTER ROSS angereist waren, auf der Düne ausbooten. Obwohl es die Börte schon lange gab, zählt dieses Datum fortan als offizielle Geburtsstunde der Börte, so wie wir sie heute kennen.

Durch die Schlagzeilen der letzten Jahre war Helgoland in aller Munde. Es schien, als wollte jeder Deutsche die Insel besuchen. Aus Solidarität, aus Abenteuerlust oder einfach um einen Tag auf hoher See zu verbringen. Noch im selben Jahr liefen die Dampfer SÜLLBERG, STADE, ELBE, RUDOLF und BÜRGERMEISTER DIESTEL den roten Felsen an.

Parallel zum rasanten Anstieg der Besucherzahlen und zur Zunahme der Bautätigkeiten wuchs der Bedarf an einsatzfähigen Börtebooten. Noch in der ersten Saison wurden die Gemeindeboote NR. 2 und NR. 3 gebaut und in Dienst gestellt. Unterstützt wurden sie anfangs von den Booten PIRAT, LIESEL, SEEBÄR, ANNA CATHARINA und ETA ELISABETH. Die NR. 3 war der robusteste Rudder und wurde für den Winterdienst und Materialtransport eingesetzt. Trotz der starken Belastung hielt die „Nr. 3" sage und schreibe 45 Jahre durch.

Bereits nach einem Jahr stieg die Besucherzahl auf 40.000 und 1955 wurde einmal mehr die 100.000-Marke erreicht und überschritten. Die Börte war im Dauereinsatz. Neben der Personenbeförderung wurde Material zwischen Düne und Insel transportiert, gefischt und tatkräftig am Wiederaufbau mitgearbeitet. Jahr für Jahr stiegen die Besucherzahlen und erreichten in den 70er-Jahren ihren Höhepunkt, als täglich bis zu elf Seebäderschiffe auf der Reede vor Anker gingen und 10.000 Gäste in wenigen Stunden ein- und ausgebootet wurden. Die Koordination der über 20 Börteboote war eine logistische Meisterleistung. Bei Wind und Wetter wurden die Gäste sicher an Land und wieder an Bord gebracht, gleichzeitig Tausend Dauergäste von der Insel zur Düne und wieder zurück transportiert. Bei ungünstigem Wind musste von der Landungsbrücke auf den Nordosthafen ausgewichen werden und statt sieben Einstiegsmöglichkeiten standen nur zwei zur Verfügung. An so einem Tag nahm jedes Börteboot je Tour 70 Passagiere mit, machte 15 Touren und hatte für jede knappe 20 Minuten Zeit. Schier unmöglich; und doch irgendwie möglich gemacht. Die Börte stand an ihrem Zenit.

1952

Am 20. Dez. 1950 besetzen René Leudesdorff und Georg von Hatzfeld friedlich die Insel ➡

Mit den Hummerbuden begann der Wiederaufbau

Am 1. März 1952:
H. P. Rickmers ➧

Taufe des ersten Börtebootes nach der Freigabe

Die Insel kann wieder betreten werden

Neubeginn zwischen Ruinen und Geröll

Munitionsräumung im Südhafen

BUNTE KUH

WAPPEN VON HAMBURG II

WAPPEN VON HAMBURG

SÜLLBERG

Erste Gäste auf der MS ALTE LIEBE

MS GLÜCKAUF

MS RUDOLF

Die Börte im Arbeitseinsatz

Brückenkapitäne

Die Brückenkapitäne, oder, wie es heute heißt, Betriebsleiter Börte, sind für den reibungslosen Ablauf des Anlandungsdienstes verantwortlich. Sie setzen die Boote und Mannschaften ein, sind für die Pflege und Instandsetzung der Gemeindeboote, der Landungsbrücken und der Hafenanlagen zuständig und sind Schaltzentrale zwischen den Kapitänen der Seebäderschiffe und den Verantwortlichen im Rathaus. So lautet zumindest die offizielle Stellenbeschreibung. Was sie in der Praxis tatsächlich sind, steht nirgendwo geschrieben: Dirigenten, Manager, mitunter Dompteure, Bosse, Generäle, stehen demokratischen Entscheidungsfindungen skeptisch gegenüber, betrachten langwierige Diskussionen als Sicherheitsrisiko, verstehen das Meer besser als ihre Frauen, schmecken nach Salz und riechen den Wind, werfen skeptische Blicke in den Himmel und Richtung Rathaus, kennen nur mittschiffs und volle Kraft voraus und verlassen sich zu Recht darauf, dass ihr Wille geschehe. So waren sie, so sind sie, so werden sie (hoffentlich!) immer sein.

Aus der langen Ahnenreihe der Helgoländer Brückenkapitäne müssen zwei besonders hervorgehoben werden, die über das Alltägliche hinaus ihren anspruchsvollen Dienst versahen und deren Bekanntheitsgrad weit über die Deutsche Bucht hinausreichte.

Ende des 19. Jahrhunderts war es Tönnies Daniel Denker, der zu den Pionieren des Helgoländer Anlandungsdienstes gehörte. Doch zu einer Legende auf den Inseln und dem Festland wurde er als Rettungsbootvormann. Zwischen 1887 und seinem Tod im Jahre 1929 rettete er Hunderten von Seeleuten das Leben. Für seine heldenhaften Taten erhielt er mehrere Rettungsmedaillen und die Anerkennung durch den Kaiser.

Der zweite war Erich Nummel Krüss, der in der touristischen Blütezeit zwischen 1969 und 1994 den historischen Besucheransturm meisterte. Zu Spitzenzeiten lagen zwölf Seebäderschiffe auf Reede. Die täglichen Gästezahlen waren fünfstellig. Mit dem Einsatz von bis zu fünfundzwanzig Börtebooten gelang es Erich Nummel Krüss gemeinsam mit seinem Stellvertreter Friedel Wichers, den Ansturm zu bewältigen und die Gäste zügig, sicher und pünktlich aus- und wieder einzubooten. Mit fünfundzwanzig Dienstjahren war er der Brückenkapitän mit der längsten Dienstzeit.

Nachfolgend die Liste aller Brückenkapitäne, die mit einer Ausnahme (Ricki Köhn wurde während der Evakuierung auf Sylt geboren) gebürtige Helgoländer waren bzw. sind. Das Andenken der Verstorbenen wird mit einer Porträttafel im Büro der Börte auf der Landungsbrücke in Ehren gehalten.

Tönnies Daniel Denker
*30.11.1867 Helgoland
†17.11.1929 Helgoland
Rettungsbootvormann

Aeucke Broders „Oik“
*03.01.1858 Helgoland
†13.02.1944 Helgoland
Fischer, Lotseninspektor

Michael Franz Heinrich Müller
*04.01.1858 Helgoland
†23.07.1934 Helgoland
Fischer, Lotsenoffizier

Friedrich Peter Koopmann „De Wüll“
*26.03.1871 Helgoland
†24.07.1951 Klein-Nordende
Seemann

Arnold Friedrich Lorenzen „De Duce“
*28.12.1891 Helgoland
†06.03.1962 Helgoland
Steuermann

Hinrich Carl Wichers „De Weisheit“
*11.03.1897 Helgoland
†02.01.1968 Helgoland
Hummerfischer

Johann Adolf Holtmann „Eisenhower“
*02.12.1893 Helgoland
†13.10.1956 Helgoland
Seemann, Fischer
(2. Brückenkapitän)

Christian Hinrich Uterhark „Krischan“
*07.07.1902 Helgoland
†19.03.1974 Helgoland
Fischer
(2. Brückenkapitän)

Harry Paul Oelrichs „Harry Ö“
*08.09.1919 Helgoland
†20.03.2005 Helgoland
Frachtschiffer

Erich Nummel Krüss
*18.01.1932 Helgoland
†10.04.2018 Cuxhaven
Kapitän

Detlef Krüss „Diet“
*14.05.1938 Helgoland
†21.04.2001 Helgoland
Kapitän

Rickmer Köhn
*19.10.1949 Sylt
Kapitän

Bernhard Wellnitz
*13.08.1963 Helgoland
Kapitän

Friedrich Wichers
*04.09.1935 Helgoland
†25.02.2018
12 Jahre stellvertretender Brückenkapitän

Kapitel 5

Interessenvertretungen der Börte

Mit den zunehmenden Regulierungen im 20. Jahrhundert erwies es sich als notwendig, dass sich die Helgoländer Fischer zusammenschlossen, um gemeinsam ihre Interessen gegenüber Behörden, Banken und Abnehmern ihrer Fänge zu vertreten. Sie entschieden sich für das Genossenschaftsmodell, das sich auf dem Festland als Selbsthilfemodell für Arbeiter und Handwerker bewährt hatte, und gründeten den Fischereiverein. Da zu der Zeit jedes Mitglied der Börte auch Fischer und jedes Börteboot ein Fischerboot war, wurden alle freiwilliges Mitglied dieses Vereins. Sie erhielten das Fischerpatent und mit der Fischereinummer HEL die Fangerlaubnis für die Nordsee.
Ende der 90er-Jahre des letzten Jahrhunderts setzten Regulierungen zum Schutz der Überfischung des Fischereiamtes Büsum der Stellnetzfischerei in den Gewässern Helgolands ein jähes Ende. Einige Fischer betrieben weiterhin die Hummerfischerei mit Fangkörben, doch nahm ihre Zahl rapide ab. Wenig später löste sich der Verein auf. Heute gibt es noch drei Börteboote mit der HEL-Nummer, die mit Fangkörben Hummer und Taschenkrebse (Knieper) fischen.

Karl Heinz Hottendorf

Ein weiterer Zusammenschluss der Börte war die Helgoländer Bootskorporation, in der sich Anfang der 70er-Jahre des letzten Jahrhunderts die Eigner der Börteboote als eingetragener Verein (eV) organisierten. Der Vereinsvorstand war Ansprechpartner für die Gemeinde. Er setzte sich unermüdlich für den Erhalt der Börte ein, verhandelte die Heuer für die Mannschaften, die Charterbedingungen für den Anlandungsdienst und er stellte den Winterdienst der privaten Dünenfähre sicher. Dazu wurde unter den Mitgliedern gefragt, wer Interesse daran hätte und sich und sein Boot zur Verfügung stellen möchte. Die Namen der Interessenten wurden auf Zettel geschrieben und in einer Schippermütze gesammelt. Nach alter Tradition wurde daraus per Losentscheid (Beert) der Gewinner gezogen. Dieser suchte sich einen zusätzlichen Bootsführer samt Boot, mit dem gemeinsam er für ein Jahr den Winterdienst der Gemeinde durchführte. Im Folgejahr durfte er nicht an der Auslosung teilnehmen.
Mit dem Ende der privaten Dünenfähre und der Übernahme durch die Gemeinde im Jahr 1993 wurde diese Tradition beendet. Nachdem nur noch vier Bootsführer der Korporation angehörten, ließ das Vereinsrecht eine Fortführung nicht mehr zu. Anfang 2000 wurde sie aufgelöst.

Richard Denker

Gesichter der Börte

Raue Männer der See, Bärte, Hände wie Kohlenschaufeln, windgegerbte tiefbraune Gesichter und Hände, der Restkörper schneeweiß, Stimmen wie Reibeisen. Ja, es gibt sie noch, diese baumstarken Kerle; aber es gibt sie nicht mehr allein. Seit 1991 ist das Wort „Mannschaft" nicht mehr zutreffend, da Frauen die Männerbastion erstürmt haben. Die Helgoländer Krankenschwester Juliane Schorn war die erste, die in der Saison 1991 beim Ein- und Ausbooten mit anpackte und zeigte, dass sie ihren Mann stehen konnte. Die zweite Frau, die in die Männerdomäne einbrach, war Lilo Köhn. Nachdem sie schon jahrelang gemeinsam mit ihrem Mann, dem Fischer Klaus Köhn, bei der privaten Dünenfähre mitgefahren war, wurde sie 2002 als erste Frau bei der Börte fest eingestellt und als Stegfrau auf der Landungsbrücke eingesetzt. Mehrere Frauen haben seitdem die Börte verstärkt und im Jahre 2013 war endgültig Schluss mit der maskulinen Vorherrschaft, als Eva Nossek als erste Bootsführerin ein Börteboot steuerte.

Waren es früher fast ausschließlich Fischer, die in der Saison bei der Börte arbeiteten, sind heute fast alle Berufe vertreten. Neben vier Hummerfischern gibt es Nautiker, Maschinenbauer, Tischler, Schlosser, Installateure, Maler, Dachdecker, Gärtner, Köche und Kaufleute.

Männer der See: rau und verlässlich

Rüm Hart, Kloar Kimming

Kernig und stolz

Börtemänner: sturmerprobt auf See und an Land

Die Börteleute

stehend v. l.: Reinhard Boothby, Jessica Wichers, Uwe Morosch, Maximilian Kanje, Achim Krüss, Pit Böttger, Klaus Skyrde, Gerd Köhn, Anika Bartels, Klaus Rahloff, Kai Hagelberg, Andreas Schulz, Ulf Claasen, Gerd Janßen, Sopha Kong

sitzend v. l.: Wolfgang Heinrich, Sven Köhn, Eva Nossek, Tobias Bösch, Mike Gieler, Adolf Bienroth, Heinz Berger, Klaus Köhn, Ove Breiholz

Martin Böhmer

Walter Koslik

Klaus Köhn

Detlef Nitze

Klaus Rahloff

Marcel Bräuer

Jens-Uwe Helmke

Peter Busse

Andreas Schulz

Uwe Gerhold

Maximilian Kanje und Klaus Grahmann

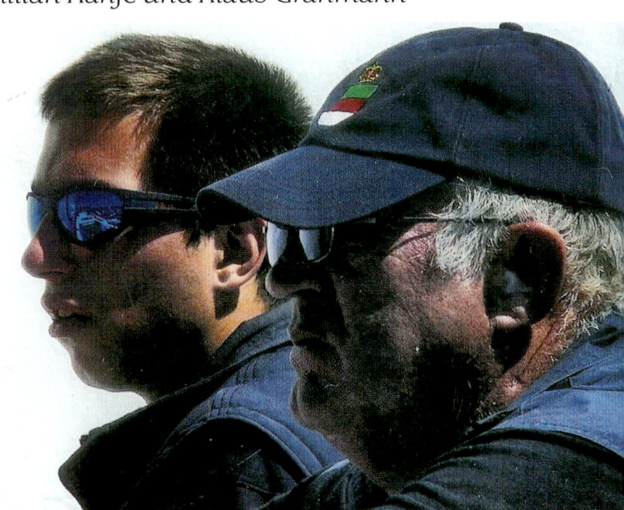

Klaus Köhn und Hans Jürgen Lorenzen

Achim Krüss

Klaus Grahmann und Uwe Siemens

Klaus Grahmann

Eva Nossek

Fredi Holst

Mike Gieler

Heino Berger

Gerhard Janßen

Arne Frier

Jörg Haas

Andreas Köhn

Christoph Weidemann

Günter Hertel

Jürgen Weidemann

Robert Meyer

Sven Köhn

Henry Tönnies

Karl Heinz Röglin

Klaus Köhn

Wolfgang Heinrich

Kim Block

Jens-Uwe Helmke und Detlef Helling

Walter Trinks ➡

Udo Harlichs

v. l.: Kai Hagelberg, Klaus Rahloff, Ulf Claasen, Wolfgang Heinrich, Uwe Gerhold, Robert Harms, Fredi Holst

Gerold Lösekann und Klaus Köhn

Kim und Alex Block

Vater und Tochter Jessica und Ralf Wichers ➧

Andreas Schulz

Eva Nossek und Uwe Gerhold

Klaus Köhn und Frank Wolf

Lieselotte Köhn

Rickmer Falke

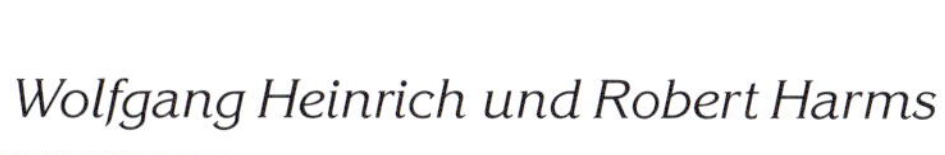

Wolfgang Heinrich und Robert Harms

Oelerich Kanje

Die Hilfsmannschaften der Börte

Die Mannschaften der Börte setzen sich aus fest angestellten Mitarbeitern und Saisonkräften zusammen. Unterstützt werden sie durch die sogenannten Hilfsmannschaften. Diese werden als Urlaubsvertretungen, im Krankheitsfall oder bei unerwartetem Besucheransturm eingesetzt und garantieren die zuverlässige Einsatzfähigkeit der Börte. Traditionell sind die Mitglieder der Hilfsmannschaften ehemalige Börtemitglieder im Ruhestand und Helgoländer Studenten, die in den Semesterferien ihre Studiengebühren erarbeiten. Damit sind die Hilfsmannschaften das gesellschaftliche Bindeglied zwischen der Wasserkante und der restlichen Inselbevölkerung, denn in jeder Helgoländer Familie gibt es mindestens einen, der schon einmal bei den Hilfsmannschaften mit angepackt hat und somit Teil und Bewahrer dieser maritimen Tradition ist.

Rolf Mittelbach mit den Kapitänen Rolf Weinhold und Karl Heinz Hottendorf ➧

Holger Bünning

Reinhard Boothby

Rickmer Uhlig

Adolf Bienroth

Günter Dissen

Michael Becker

Stefan Siemens

Ulf Claasen

Sturmgeschichten der Börte

Bei schönem Wetter und spiegelglatter See ist das entspannte Aus- und Einbooten die wahre Freude für Crew und Gäste. Die Gäste hüpfen locker in die Börteboote und die Crew hat Zeit und Spaß daran, etwas zu flirten und tüchtig Seemannsgarn zu spinnen. So wird schon mal auf die Düne gezeigt und todernst behauptet, dass eine außerordentlich gute Sicht den Blick auf die Nachbarinsel Sylt erlaubt, dass Salzwasser jung hält, was am Bootsführer zu sehen ist, der schon sage und schreibe 98 Jahre auf dem Buckel hat, und beim Kneipengang darauf zu achten ist, dass der echte Helgoländer Eiergrog ausschließlich mit Lummeneiern zubereitet wird. Doch (fast) jeder weiß, dass die Nordsee selten spiegelglatt ist, sondern ganz im Gegenteil auch schon mal im Hochsommer (bevorzugt Ende August, Anfang September) ihr wildes Ungestüm zeigt. Angetrieben von stürmischen Winden aus wechselnden Richtungen bauen sich dann blitzschnell Wellenberge auf, die Gischt spritzt hoch und vereint sich mit dem sintflutartigen Regen, der verlässlich zeitgleich einsetzt. In diesen Momenten wird das Aus- und Einbooten zur Herkulesaufgabe. Jetzt muss angepackt werden. Jetzt wird es auch laut. Safety first. Aus Bitten werden Befehle, Familien müssen sich getrennt setzen, damit das Gewicht ausgeglichen bleibt, Fremde müssen sich auf die Pelle rücken, um Platz zu schaffen, und den Landratten muss in knappen Worten erklärt werden, dass Regenschirme nur noch als Stichwaffen nutzbar sind, was jedoch unterbleiben sollte. Diese wilden Tänze sind heutzutage nur noch selten, da sich die Wetterprognosen inzwischen verbessert haben und die nautischen Haudegen der Nachkriegsgeneration wie vor ihnen bereits andere Dinosaurier restlos ausgestorben sind.

Aber es gibt sie auch heute noch, diese Tage wie am 16. September 1968, als der Nord-Ostwind in kurzer Zeit Windstärke 8 erreichte, in Böen Windstärke 9. Sieben Schiffe waren Kurs Helgoland unterwegs und mussten wieder in ihre Heimathäfen zurückfahren, da die extreme Wetterlage ein sicheres Ankern auf der Helgoländer Reede nicht zuließ und der Südhafen mit Fischereifahrzeugen bereits überfüllt war. Obwohl sich am nächsten Tag das Wetter kaum beruhigt hatte, fuhren die Seebäderschiffe wieder Helgoland an. Heil, aber in den Schiffsluken und an der Landungsbrücke bis zu den Knien im Salzwasser badend, wurden die Gäste wieder aus- und eingebootet.

Nur zwei Jahre später war es wieder so weit. Am 19. Oktober 1970 machte sich die ALTE LIEBE trotz eines schweren Nordweststurms mit bis zu zehn Windstärken auf die Reise nach Helgoland. Es war die letzte Fahrt der Saison und auf der Landungsbrücke fanden sich die Honoratioren ein, um Schiff und Besatzung zünftig zu verabschieden. Von hier aus konnten sie beobachten, wie die Nordsee mit der ALTEN LIEBE spielte. Das Schiff wurde hoch auf gewaltige Wellenkämme getragen und verschwand danach wieder in tosenden Tälern. Zwei Seemeilen vor Helgoland gab der Kapitän sein Vorhaben auf. Er drehte bei und nahm wieder Kurs auf Cuxhaven. Einigen der Honoratioren war die Erleichterung ins blasse Gesicht geschrieben, dass sie nicht zur Verabschiedung an Bord mussten.

Zu einem tragischen Unglück kam es am 8. September 1974. Auch an diesem Tag herrschten Windstärken 8 bis 10. Trotz des schlechten Wetters traten 3300 Passagiere auf fünf Seebäderschiffen die Seereise nach Helgoland an. Von Bremerhaven hatte sich die ROLAND VON BREMEN auf den Weg gemacht. Sie war mit 4391 BRT das größte Schiff, das Helgoland ansteuerte. Gegen zwölf Uhr geriet der sturmerprobte ehemalige Bananendampfer in zwei schwere Seen. An Deck und in den Salons flogen Tische und Stühle durcheinander und verletzten 35 Passagiere zum Teil schwer. Sofort nahmen alle verfügbaren Börteboote Kurs auf die ROLAND VON BREMEN, um die verletzten und geschockten Passagiere zu übernehmen. An der Landungsbrücke warteten bereits Rettungsfahrzeuge, die die Verletzten versorgten. Die Schwerverletzten wurden mit SAR-Hubschraubern aufs Festland geflogen. Fatalerweise erlag eine Passagierin auf dem Flug ihren schweren inneren Verletzungen.

1977 begann und endete die Saison mit heftigen Stürmen in der Deutschen Bucht. Am 20. Mai, dem Tag nach Himmelfahrt, nahmen zehn Seebäderschiffe mit mehr als 5000 Passagieren Kurs Richtung Helgoland. Am Morgen drehte der starke Wind von Nordost auf Ost und entwickelte sich in kürzester Zeit zu einem ausgewachsenen Sturm mit über neun Windstärken. An diesem Tag erreichte die WILHELMSHAVEN als erstes Schiff die Helgoländer Reede. Obwohl der Wind und eine ungünstige Tide ein Anlanden der Börteboote an der Landungsbrücke unmöglich erscheinen ließ, beschlossen Brückenkapitän Krüss und die Schiffsführung der WILHELMSHAVEN, dass trotz der enormen Widrigkeiten ausgebootet werden müsse. Ausschlaggebend für diese Entscheidung war, dass sich an Bord drei Verletzte befanden, die dringendst im Inselkrankenhaus versorgt werden mussten. Bei schwerster See brachte die Börte schließlich alle Passagiere der WILHELMSHAVEN wohlbehalten an Land. Die übrigen Seebäderschiffe mussten die Rückreise antreten, ohne dass die Passagiere Helgoland betreten konnten. Als besonders schwierig erwies sich an diesem Tag das Einbooten auf die WILHELMSHAVEN, das nur von der Notstandstreppe im Scheibenhafen erfolgen konnte. An diesem Tag wurde der Börte ihr ganzes seemännisches Können abverlangt. Pro Boot wurden nur 35 Gäste mitgenommen, die wasserfest in Plastikplanen verpackt (fast) trocken wieder an Bord gebracht wurden und die Rückreise schließlich um 18:30 Uhr antreten konnten.

Wie schon gesagt endete die Saison 1977, wie sie begann: stürmisch. Besonders hart betroffen war am 15. September die WAPPEN VON HAMBURG. Schon auf der Hinfahrt hatte der Weiße Schwan schwer zu kämpfen. Der stürmische Wind wehte aus Nordwest und brachte das Wasser vor Helgoland zum Kochen. Teilweise wurde das Schiff völlig von der Gischt bedeckt und entschwand aus den Blicken der Helgoländer, die dieses Spektakel vom Falm aus beobachteten. Nachdem die WAPPEN VON HAMBURG auf der Reede vor Anker ging, holte sie schwer über. Durch die geöffneten Luken strömten ungeheure Wassermassen ins Schiffsinnere und auf der anderen Seite wieder hinaus. Die Matrosen standen bis zu den Hüften im Wasser. Nicht besser erging es der Besatzung der Börteboote. Tausende Liter Nordseewasser ergossen sich in die Boote. Die ANTJE mit Bootsführer Cobers Reimers musste abbrechen, da die Lenzpumpen nicht ausreichten, um das Boot zu lenzen. An diesem Tag wurden nur Dauergäste ein- und ausgebootet. Tagesgäste blieben an Bord und deckten sich mit Spucktüten ein.

2011 musste die Börte am 26. August Überstunden machen. Gegen 15:30 Uhr waren alle Passagiere der HELGOLAND und der FUNNY GIRL eingebootet. Auf der Landungsbrücke drängelten sich noch die Gäste der LADY VON BÜSUM und der FAIR LADY, die vor einer heranziehenden Gewitterfront noch trocken an Bord gelangen wollten. Schnell frischte der Wind auf und eine starke Böe erwischte die HELGOLAND und die FUNNY GIRL, während die Anker eingeholt wurden. Die beiden Schiffe kollidierten und die FUNNY GIRL wurde auf den Schutzwall der Düne gedrückt. Sofort wurde der auf Helgoland stationierte Seenotrettungskreuzer HERMANN RUDOLF MEYER alarmiert und alle verfügbaren Börteboote nahmen Kurs auf den Havaristen. Während eine Leinenverbindung zwischen der FUNNY GIRL und dem Seenotrettungskreuzer hergestellt wurde, übernahmen die Börteboote alle 166 Passagiere und brachten sie auf die LADY VON BÜSUM, mit der sie unbeschadet ihre Rückreise antreten konnten.

Nordseewetter

Die WAPPEN VON HAMBURG verschwindet in der Gischt

Begleitschutz für die ROLAND VON BREMEN

Die ATLANTIS bei schwerer See

Die ALTE LIEBE bei Windstärke 9

Auf der Reede braut sich was zusammen

Klaus Grahmann beweist sein seemännisches Können

Die Crew in den Pforten steht bis zur Gürtellinie im Wasser

Die Börte als Lebensretter

Wie eingangs erwähnt, waren die Männer der Börte vor Gründung der DGzRS aktiv an der Rettung Schiffbrüchiger in der Deutschen Bucht beteiligt. Auch heute noch bildet die Börte ein wichtiges Glied in der Katastrophenschutzkette Helgolands. Bei Unfällen auf See oder auf der Düne steht sie in der ersten Reihe und kooperiert mit der DGzRS und den Rettungseinheiten auf der Insel. Ob es der schreckliche Flugzeugabsturz am 27. Mai 1972 auf der Düne war, bei dem acht Passagiere starben und fünf schwer verletzt wurden, oder der Tornado, der am 12. Juli 2010 den Campingplatz auf der Düne zerstörte und eine Bresche der Verwüstung schlug, wobei es 13 zum Teil schwer verletzte Personen gab, immer sind es die Boote der Börte, die zuerst zur Unfallstelle eilen und Erste Hilfe leisten.

Damit das Zusammenspiel im Katastrophenschutz reibungslos funktioniert, werden die Rettungskräfte bei den regelmäßigen Übungen unter anderem für Evakuierungsmaßnahmen und dem Einsatz der Wasserwerfer auf den Börtebooten geschult. Die Notwendigkeit zeigt sich deutlich in der Tatsache, dass bei einem Katastrophenfall die Rettungskräfte der Insel auf sich allein gestellt sind und nicht auf nachbarliche Unterstützung zurückgreifen können.

Praktische Übung und maritime Tradition vereinen sich zum Saisonende, wenn die Schiffe auf der Helgoländer Reede mit Wasserfontänen verabschiedet werden.

Um diesen schönen Brauch handelte es sich am 25. Juli 1971 nicht, als die Börteboote NR. 5 und CLAUDIA mit einer Löschgruppe der Helgoländer Feuerwehr mit voller Fahrt zur WAPPEN VON HAMBURG eilten. Kurz nachdem alle Passagiere ausgebootet waren, brach in einer Kabine des HADAG-Flagschiffs Feuer aus. Mit dem Einsatz von fünf C-Rohren gelang es der Feuerwehr schnell, das Feuer zu löschen.

Beispielhaft war die Kooperation aller Beteiligten, als im Sommer 1983 ein Passagier auf der WAPPEN VON HAMBURG einen Herzanfall erlitt. Kaum war der Notruf auf der Landungsbrücke auf Helgoland eingegangen, zeigten die Rettungskräfte ihr Können und harmonisches Zusammenspiel. Der Chefarzt des Inselkrankenhauses wurde mit dem Rettungswagen zum Seenotrettungskreuzer HERMANN RITTER gebracht, der der WAPPEN VON HAMBURG mit voller Kraft entgegenfuhr. An Bord fand die Erstversorgung des Schwerkranken statt, der wenig später mit einem Börteboot zur Landungsbrücke verbracht wurde, wo bereits der Rettungswagen wartete.

Bereits einen Monat vorher, im Mai des selben Jahres, erwiesen sich zwei Mitglieder der Börte als wagemutige Lebensretter. Bei stürmischem Wind und über 2,50 Meter hohen Wellen wurde am frühen Abend eine 13-Meter-Motorjacht durch Motorschaden manövrierunfähig. Sie drohte auf die Klippen gespült und dort zerschlagen zu werden. Richard Denker und Ollerich Kanje jun. wurden zeitgleich mit der DGzRS alarmiert. Sofort fuhren sie mit ihren Booten STÖRTEBEKER und NATHURN aus dem Scheibenhafen und eilten dem Havaristen zur Hilfe. Es gelang ihnen, trotz der schweren See und der gefährlichen Klippen eine Leinenverbindung herzustellen. Die siebenköpfige Besatzung konnte übernommen und das Schiff mit Hilfe des Seenotrettungskreuzers in den sicheren Hafen geschleppt werden.

Helgoländer Fischer und Lotsen, die am 24. September 1896 unter Einsatz ihres Lebens bei schwerer See zwölf Schiffbrüchige vom Ausflugskutter ATALANTA retteten.
Stehend von links nach rechts: Jacob Singer, Peter Oelrichs, Broder Kröger, Paul Michels, Nickels Wichers, Paul Denker, Jacob Friedrichs, Rickmer Friedrich.

Schönwettergeschichten der Börte

War bisher viel vom Schwarzbrot bei der Börte die Rede, dürfen natürlich die Sahnehäubchen nicht unterschlagen werden. Was lässt das Herz eines Seemanns, eines Insulaners oder eines Gastes, der die See liebt, höherschlagen, als wenn an der Kimm die Silhouette eines Kreuzfahrtschiffes oder die Masten eines Großseglers auftauchen? Bereits zwischen den Weltkriegen umrundeten Musikdampfer, wie die Cruise Ships damals noch genannt wurden, die Insel. Doch die waren im Kriegsjahrhundert gegenüber Schlachtschiffen und Kreuzern in der Minderheit. Nach der Wiederfreigabe 1952 dauerte es noch eine Weile, bis das erste Passagierschiff Helgoland auf den Radarschirm bekam.

1965 war es endlich so weit, und wie das Schicksal es wollte, handelte es sich um ein englisches Schiff, das aus Southampton kommend 130 englische Lehrer und Lehrerinnen sowie über 800 Schulkinder nach Helgoland brachte. Zwölf Stunden ankerte die DEVONIA südlich der Insel. Bürgermeister H. P. Rickmers ließ es sich nicht nehmen, die Gäste persönlich an Bord willkommen zu heißen. Anschließend brachten Börteboote die Gäste an Land, wo sie von den Insulanern herzlich empfangen wurden.

Bereits ein Jahr später kam es zu einem Déjà-vu, als das englische Passagierschiff DUNERA Helgoland einen Besuch abstattete. Wie im Vorjahr waren Lehrer und Schüler an Bord, die den Helgoländern die Hand zur Freundschaft reichen wollten. Der Tag wurde zu einem Fest der Völkerfreundschaft und der holperigen bilingualen Verständigung. Er endete damit, dass die Helgoländer Kinder mit an Bord der DUNERA durften und eigentlich viel lieber mit nach Southampton gefahren wären als mit den Börtebooten zurück auf ihre Insel.

Leider war das die letzte Fahrt dieser einzigartigen völkerverbindenen Art. Besonders die geschichtlichen Verbindungen zwischen Helgoland und Großbritannien sollten Anreiz genug sein, diese Tradition wieder aufleben zu lassen und damit einen Beitrag für gegenseitiges Verständnis zu leisten.

In den Folgejahren besuchten die deutsche REGINA MARIS, die jugoslawische ISTRA, die norwegische OSLOFJORD, die EUROPA des Hapag/Lloyd und die russische ESTONIA die Insel. Zwischen der ESTONIA und der Helgoländer Bevölkerung entwickelte sich 1976 eine besonders enge Beziehung. Noch im winterlichen März nutzten 116 Insulaner die Möglichkeit, vor Saisonbeginn mit dem Schiff auf Kreuzfahrt nach Norwegen zu gehen. Ein- und ausgebootet wurde – für die Helgoländer Passagiere äußerst komfortabel – direkt vor ihrer Haustür.

Im selben Zeitraum schmückten die Windjammer GORCH FOCK, AMERIGO VESPUCCI und die SEA CLOUD die Helgoländer Reede. Während die GORCH FOCK und die AMERIGO VESPUCCI im Rahmen einer Ausbildungsfahrt als Schulschiffe die Insel besuchten, blieb die (noch nicht als Luxuskreuzfahrtschiff umgebaute) SEA CLOUD zwei Tage vor Helgoland liegen und diente als Schauplatz für einen Spielfilm. Für die Verfilmung des Romans „Das wiedergefundene Paradies" des isländischen Nobelpreisträgers Halldor Laxness hatte Regisseur Rolf Hädrich die Gewässer vor Helgoland auserkoren und setzte an den beiden Drehtagen die halbe Inselbevölkerung als Komparsen ein.

Anschließend durchlebte die Kreuzfahrtindustrie eine schwere Krise und Kreuzfahrer tauchten nur noch selten am Horizont auf. Doch inzwischen gehört die Krise der Vergangenheit an und das Kreuzfahrtgeschäft boomt wie nie zuvor. Heute gehen jedes Jahr etwa 20 Passagierschiffe vor Helgoland vor Anker, wobei nur wenige von der Börte ausgebootet werden, während die meisten ihre Passagiere mit eigenen Tendern an Land bringen. Neben dem Ein- und Ausbooten zeichnet die Börte an Land für die Einhaltung der Zoll- und Passbestimmungen sowie der internationalen Sicherheitsvorschriften verantwortlich; auch obliegt ihr die Eindeklarierung und Lotsenversetzung.

Gern gesehene Gäste auf der Reede sind daneben Traditions- und Museumsschiffe. In letzter Zeit wurden u.a. Passagiere des Eisbrechers STETTIN, des Feuerschiffs ELBE 1 und des Museumsfrachters CAP SAN DIEGO von der Börte aus- und eingebootet, was sich wegen fehlender Luken zuweilen recht abenteuerlich gestaltet.

Gern gesehener Gast auf der Reede: Eisbrecher STETTIN

Klaus Skyrde auf Sonderfahrt zur MS ASTOR

Ungewöhnliche Gäste vor Helgoland

Passagiere der MS DEUTSCHLAND werden von der Börte ein- und ausgebootet

Die Dünenfähre

Neben dem Anlandungsdienst gehört die Dünenfähre zum Kerngeschäft der Börte. Bis 1998 gab es neben der gemeindlichen noch die private Dünenfähre. Bis 1993 wurde die private Dünenfähre jeweils für ein Jahr ausgeschrieben. Bewerben konnten sich die Eigner der Börteboote, wobei zwei Eigner mit ihren Booten den Zuschlag bekamen, damit im Winter zwei Bootsführer und zwei Rudder zur Verfügung standen. Im Winter kam ausschließlich die private Dünenfähre zum Einsatz. Im Sommer setzte die Gemeinde tagsüber drei ihrer Boote für den Dünenverkehr als sogenannte „Zutörner" ein (1., 2., 3. Börte), meistens wurden private Eigner und Bootsführer hinzugezogen. Dieses war insbesondere der Fall, wenn um 17:00 Uhr die WILHELMSHAVEN als letztes Seebäderschiff die Heimreise antrat und die Dauergäste von der Düne zurückgeholt werden mussten. Bei diesem sogenannten „Abräumen" wurden in kürzester Zeit zwei- bis dreitausend Personen zurück zur Insel befördert. Um 17:30 Uhr setzte der Düneninspektor die Helgolandflagge am Anleger auf halbmast und zeigte damit an, dass die letzten Gemeindeboote zurück zur Insel fuhren. Gegen 18:30 Uhr wurde die Flagge eingeholt und die private Dünenfähre übernahm im Normalfall bis 22:00 Uhr den Fährdienst.

Ab 1993 übernahm die Gemeinde mit ihren Booten NR. 5, 1, 6 und 3 im Sommer ganztags den Fährdienst und die private Dünenfähre kam nur noch im Winter zum Einsatz. Hierbei konnte sie bis 1996 auch auf das Gemeindeboot NR. 6 zurückgreifen, das mit einem Verdeck versehen war.

Am 15. August 1996 wurde die Dünenfähre revolutioniert. An diesem Tag wurde der Doppelrumpftender WITTE KLIFF in den Dienst gestellt. In der Bevölkerung, aber auch bei der Börte gab es zum Teil heftigen Widerstand gegen das Boot, das die Börteboote im Dünenfährdienst ersetzen sollte. 560.000 D-Mark hat dieser Neubau gekostet, der auf der Werft Fr. Fassmer in Berne an der Weser gebaut wurde (übrigens dieselbe Werft, auf der am 11. Dezember 2015 die neue HELGOLAND der Reederei Cassen Eils getauft wurde). Die Diskussionen über das Pro und Contra eskalierten dermaßen, dass in den ersten Wochen die WITTE KLIFF nachts im Nordosthafen ankerte, weil sogar Anschläge gegen den Neubau nicht ausgeschlossen werden konnten. Heute hat sich die WITTE KLIFF längst etabliert und sich der Beschaffungspreis amortisiert.

Bis 1998 konnte die WITTE KLIFF im Winter auch von der privaten Dünenfähre genutzt werden. Dann war endgültig Schluss mit der Aufteilung und die Gemeinde übernahm alleine den Fährdienst, wobei die WITTE KLIFF bei Bedarf von den Börtebooten (Abräumer, Zutörner) unterstützt wird.

Anlandung der Badegäste auf der Düne vor 100 Jahren

Komfortabel mit der Witte Kliff

Traditionell mit dem Börteboot

Jahraus, jahrein bei Wind und Wellen

Abseits der Routine

Inselrundfahrten, schwimmende Kinderfeste, Grottenbeleuchtung, Lampionfahrten, Inselfeste mit Abendfahrten der Seebäderschiffe, internationale Angelmeisterschaften, alles Ereignisse längst vergangener Zeiten, an die wir uns wehmütig erinnern. Geblieben sind nur einige wenige Inselrundfahrten und die Börtebootregatten am 10. August. Einige der schönen Traditionen fielen dem behördlichen Regulierungsdrang zum Opfer, die meisten jedoch der Tatsache, dass es jedes Jahr weniger Börteboote und Bootsführer auf Helgoland gibt. Glücklich und dankbar muss jeder Bewunderer der Börte und ihrer Boote sein, dass sich am 8. Juni 2014 der Verein zum Erhalt Helgoländer Börteboote (www.vzehb.de) gegründet hat. In weniger als zwei Jahren gelang es den aktiven und erfahrenen Mitgliedern, etliche Börteboote vor dem Verfall zu retten. Inzwischen sind es neun Vereinsboote, die am 10. August nach Helgoland fahren, um an der traditionellen Börtebootregatta teilzunehmen. Auf Helgoland verblieben ist u. a. das ehemalige Frachtboot NR. 5. Der Helgoländer Unternehmer Stephan Siemens hat das größte Börteboot komplett restauriert und u. a. mit einer Kajüte versehen. Während der Saison bietet er Insel- und Sundownerrundfahrten an.

Neben dem Ausbooten und touristischen Aktivitäten auf Helgoland sind die Börteboote attraktive Werbemittel für die Nordseeinsel. Ob 1973 zur IGA, 1976 beim Hamburger Abendblatt auf dem Fischmarkt, 1976 auf der Alster zum Alstervergnügen oder 1978, als das Börteboot BARBARA mit Bootsführer Helgo Haas für eine Saison von der HADAG gechartert wurde, um für Helgolandfahrten zu werben, 1997 zum 100-jährigen Geburtstag des Hamburger Rathauses, 1998 zum Hafengeburtstag, 2006 zum Ruderwettbewerb (!) in Rendsburg, immer waren es die robusten „Rudder“, die bei Groß und Klein Staunen und Begeisterung hervorriefen. Seit 2014 sind die Börteboote des Vereins zum Erhalt Helgoländer Börteboote und ihrer Mitglieder mit Unterstützung der Helgoländer Kurverwaltung werbewirksame Stammgäste beim Hamburger Hafengeburtstag und anderen maritimen Großveranstaltungen in Norddeutschland.

Neben den Hochzeitsfahrten, auf denen Brautpaare mit dem Börteboot in den Hafen der Ehe einfahren, nimmt die Seebestattung vor Helgoland Jahr für Jahr zu. Helgoländer, ehemalige Gäste und Freunde der See wünschen sich eine würdige Urnenbestattung und eine letzte Fahrt mit einem Börteboot. Auch der berühmteste Sohn der Insel, Kinderbuchautor James Krüss, wünschte sich in seinem Vermächtnis eine Seebestattung vor seiner Geburtsinsel. Dieser Wunsch wurde ihm am 27. September 1997 erfüllt, als sein Bruder, Brückenkapitän Detlef Krüss, seine Asche dem Meer übergab. Eindrucksvoll beschreibt Klaus Doderer, Autor der James-Krüss-Biografie „Insulaner und Weltbürger", diesen Moment: „Wir warfen Blumen ins Wasser. Es war still. Nur das Tuckern der Motoren war zu vernehmen. Zum Schluss kamen Möwen, setzten sich in den Kreis zu den auf der Meeresoberfläche schwimmenden Blumen. Es war dunkel, als die Boote ihr Kreisen aufgaben und die Insel Helgoland ansteuerten. Niemand sprach ein Wort. Am Ort der Urnenversenkung verhallte das Krächzen der Möwen."

Schon früh entdeckten auch Film, Fernsehen und sogar das Theater Helgoland und griffen bei Dreharbeiten auf die Dienste der Börte zurück. Anfang der 70er-Jahre wurde eine Folge der ZDF Serie „Kapitän Harmsen" und Ende der 70er-Jahre eine Folge der NDR Serie „Kümo Henriette" auf der Insel gedreht. 1979 half die Börte bei den Außenaufnahmen zum Welterfolg „Das Boot", 1981 gehörten vier Börtemänner, Willi Denker, Friedel Wichers, Helmut Block und Harry Oelrichs, zu den Mitwirkenden des Tatortkrimis „Wat Recht is, mutt Recht bliewen!", wobei Harry Oelrichs sogar den Mörder mimte, und 1983 war die Börte wiederum mit ihren Booten beim Dreh zum Tatort „Haie vor Helgoland" behilflich. Im Frühjahr 2017 kam die Dünenfähre WITTE KLIFF bei Dreharbeiten für die Verfilmung des Fitzek-Romans „Abgeschnitten" zum Einsatz. Als besonders abenteuerlich erwies sich 1977 die Frage des Hamburger Theatermannes Eberhard Möbius, ob die Börte eine Möglichkeit sehe, sein schwimmendes Theater „Das Schiff" auf eigenem Kiel von Hamburg nach Helgoland zu bringen. Keine Frage. Gesagt getan. Die Kapitänsgebrüder Friedel und Erich (Wu-wu) Wichers machten sich in Begleitung des Maschinenschlossers und Mitglied der Hilfsmannschaft Karl Heinz Lorenzen auf den Weg zum Hamburger Hafen. Während Lorenzen die Maschine überholte, führten die Wichers-Brüder erfolgreich den Papierkrieg bei der Seeberufsgenossenschaft, der Wasserschutzpolizei und dem Wasser- und Schifffahrtsamt. Nach drei Tagen war alles erledigt und „Das Schiff" machte die Leinen los, um das erste Mal auf große Fahrt zu gehen. Mit dabei Möbius mit seiner Frau und die gesamte Schauspieler-Crew. Von der war ab ELBE 3 an Deck nichts mehr zu sehen. Erst kurz vor Helgoland tauchten sie blass und erschöpft wieder auf und konnten nicht glauben, dass vor ihnen Helgoland lag. Nach zwei erfolgreichen Theatervorführungen im Scheibenhafen ging es wieder zurück nach Hamburg. Hinter ihnen lag Helgoland und das größte Abenteuer in der norddeutschen Theatergeschichte.

Auch die Werbeindustrie entdeckte die Attraktivität der Börteboote und ihrer Besatzungen. Häufig und gern schwärmte Bootsführer Klaus Grahmann von den Nonnen, die auf seiner URANUS beschwipst Bommerlunderlikör anpriesen, bei Dieter Trinks und Jens Fastenau (mit Bordhund Cäsar) gab es Freibier für alle, nachdem sie die HINNERK haushoch mit 480 Kisten Astra-Bier beluden, die niederländische Motorenfabrik DAF ließ die vier von ihnen motorisierten Rudder über alle Toppen beflaggt vor der Westküste werbewirksam filmen und Friedel Wichers schipperte mit dem Gemeindeboot NR. 3 mit Katja Ebstein und Dunja Rajter an Bord um Helgoland, das bei den ersten Mu-

sikvideos als Kulisse für Mykonos oder ein Balkaneiland herhalten musste.
Tragischerweise kam es 1985 bei einer dieser Aktionen zu einem tödlichen Unfall. Zwei Reporter der Fernsehzeitschrift „Hörzu" besuchten Helgoland, um Fotos für eine Weihnachtsreportage zu schießen. Am 19. Dezember herrschte schwerer Sturm. Die See kochte und Wellenberge von enormer Höhe bauten sich auf. Trotzdem, oder gerade deshalb, wollten die Reporter rausfahren, um das ultimative Sturmfoto zu schießen. Der 32-jährige Börtekapitän Jürgen Gerdes ließ sich trotz Mahnungen seiner Kollegen überreden und nahm um 14:15 Uhr die zwei mit an Bord des Rudders NATHURN, der mit Regenplane versehen im Scheibenhafen lag. Obwohl der ursprüngliche Plan vorsah, Richtung Düne zu fahren, um von dort die Insel im Sturm zu fotografieren, entschied sich Jürgen Gerdes, südlich aus dem Windschatten der Insel zu fahren, um den Reportern bei Windstärke 9 das Schauspiel der Riesenwellen im sogenannten Rosengarten zu bieten. Eine verhängnisvolle Entscheidung. Querab der Hafeneinfahrt erwischte sie eine schwere Grundsee. Das Boot wurde in die Höhe gerissen und beim Aufprall wurden Bootsführer Gerdes samt der ungesicherten Ruderpinne und der „Hörzu"-Reporter Walter Schollmeyer über Bord geschleudert und verschwanden in den Fluten. Dem zweiten Reporter, Wolfgang Schneider, gelang es, sich unter der schützenden Plane festzukrallen. Das Gestänge der Plane wurde plattgedrückt, sodass der Kawenzmann darüber hinwegrollte und der Rudder nicht volllief, wobei er unweigerlich gesunken wäre. Von seinem Haus auf dem Oberland aus beobachtete der Helgoländer Fischer Friedrich Koopmann zufällig das Unglück und alarmierte telefonisch die DGzRS („Das Dünenboot ist über Kopp gegangen. Zwei Mann über Bord. Aus der Hafeneinfahrt raus, rechts!") Dann rannte er auf dem Invasorenpfad zum Scheibenhafen, wo sein Fischkutter HEIMAT lag. Unterwegs traf er den Börtekapitän Peter Botter, der sich ihm anschloss. Noch vor dem Rettungskreuzer HERMANN RITTER und dem Tochterboot WANDA erreichten sie die Unglücksstelle. Mit Hilfe des Reporters Schneider gelang es ihnen, eine Leinenverbindung herzustellen. Hierbei geriet die Leine in die Schraube des Fischkutters. Inzwischen waren jedoch auch die HERMANN RITTER und WANDA vor Ort und konnten die NATHURN und die HEIMAT in den Südhafen schleppen. Bei der anschließenden Suche, an der sich auch der Zollkreuzer HAMBURG und mehrere Fischkutter beteiligten, konnten Jürgen Gerdes und Walter Schollmeyer nicht gefunden werden. Während Schollmeyer später im nordfriesischen Wattenmeer angetrieben wurde, behielt die Nordsee bis heute den Leichnam vom Börtemann Gerdes.
Bei der Seeamtsverhandlung, die auf Helgoland in der Nordseehalle stattfand, wurde gerügt, dass die NATHURN ohne entsprechende Fahrerlaubnis und bei Sturm in das Unfallgebiet auslief. Außerdem war das Boot unterbemannt und Bootsführer und Passagiere trugen keine Rettungswesten. Der selbstlose Rettungseinsatz von Friedrich Koopmann und Peter Botter wurde ausdrücklich gelobt.

Inselrundfahrten ...

Piratenfeste …

Kinderfeste ...

Hochzeiten...

und natürlich die Börtebootregatta am 10. August sorgen für Abwechslung im Börtealltag

Die Börte im Winter

Mitte Oktober wird das letzte Seebäderschiff feierlich auf der Reede verabschiedet. Wieder ist eine Saison erfolgreich zu Ende gegangen, wieder wurden einige Hunderttausend Gäste heil und sicher an Land und wieder zurück an Bord gebracht.

Doch nach der Saison heißt zugleich vor der Saison. Neben der Aufrechterhaltung der Dünenfähre wird den Winter über hart gearbeitet, damit Boote, Anlegestellen und Mannschaften einsatzbereit sind, wenn im April die ersten Fahrgastschiffe wieder auf der Helgoländer Reede Anker werfen.

Bereits im Oktober werden auf Helgoland die ersten Gemeindeboote teil- oder sogar komplett überholt. Dieses wird von den Mannschaften der Börte auf Helgoland in Eigenregie durchgeführt. Größere Reparaturen werden auf der Bootswerft Plambeck in Cuxhaven oder Hatecke in Freiburg/Elbe vorgenommen. Dort werden in fachmännischer Handarbeit neue Steven und Spanten angefertigt und eingebaut. Wenn alle Gemeindeboote wieder einsatzfähig und in der Lage sind, den Dünenverkehr sicherzustellen, geht es mit der Dünenfähre WITTE KLIFF nach Cuxhaven. Zwei Mitarbeiter der Börte setzen sie gemein-

Tobias Bösch bringt den Steg im Nordosthafen auf Vordermann

sam mit den Arbeitern der Plambeck-Werft wieder neu instand.
Regelmäßig erhält die WITTE KLIFF neue Fensterscheiben und Türen, die Welle wird gezogen und falls notwendig die Propeller gewechselt. Nach einem Komplettanstrich strahlt die Dünenfähre wieder in Grün-Rot-Weiß und kann nach der Abnahme durch die Seeberufsgenossenschaft nach Helgoland zurücküberführt werden. Die drei- bis vierstündige Fahrt bei rauem Wetter ist zugleich die Probefahrt und beweist, dass das Boot für den Dünendienst wieder bestens gerüstet ist. Währenddessen wird auf der Insel die Landungsbrücke, der Nordosthafen und der Dünenhafen auf Vordermann gebracht. Es wird entrostet, grundiert, angestrichen, die Treppen mit einem Antirutschanstrich versehen und neue Flaggenmasten aufgestellt. Auf der Düne unterstützt die Börte die Dünencrew bei Strandsicherungsarbeiten, Reparatur und Neubau der Bohlenwege und Instandsetzung der Strandkörbe.
Im Rahmen der beruflichen Weiterbildung nehmen Börtemitarbeiter zum Beispiel an Basic-Safety-Lehrgängen teil, die die Voraussetzung sind, um nach dreijähriger Fahrzeit das Küstenpatent 500 BRZ zu erwerben, das unter anderem zum Führen eines Börtebootes im Anlandungsdienst berechtigt. Daneben gibt es noch Erste-Hilfe-Lehrgänge, Kurse in Seemannschaft und handwerkliche Fortbildung.
Alles dient einem Ziel: Die Börte geht gut gerüstet und vorbereitet in die nächste Saison.

Strandsicherungsarbeiten auf der Düne

links Jens-Uwe Helmke im Arbeitseinsatz, rechts oben Heino Berger und Bernhard Wellnitz als Maschinisten, rechts unten Rolf Weinhold als Schiffsmaler

Gegenwind

Antiquiert, sagen die einen, einmalige Tradition, sagen die anderen. Viel zu unsicher, sagen die einen, sicherstes Verkehrsmittel, sagen die anderen. Nicht behindertengerecht, sagen die einen, behindertengerechter geht es nicht, sagen die anderen. Unbedingt erhalten, sagen die einen, sofort abschaffen, sagen die anderen. Ist das schön, sagen die Gäste bei Sonnenschein, ist das grässlich, sagen die Gäste bei Sturm und Regen, nur so möchte ich nach Helgoland kommen, sagen die einen, niemals so, die anderen. Sicher ist bei dieser Diskussion nur eins: Sie ist nicht neu!

Eigentlich begann sie 1981, genauer gesagt am Palmsonntag, dem 12. April. An diesem Tag nahm der (wunderschöne!) Dampfer STADT NORDENHAM erstmals von Bremerhaven kommend Kurs auf Helgoland und fuhr direkt in den Südhafen, wo er an der Pier festmachte und die Passagiere über die Gangway die Insel betraten. Dieses Recht hatte sich Kapitän/Eigner Henning Simon mit einem Verwaltungsgerichtsurteil erstritten. Gleichzeitig ging der Cuxhavener Reeder Bruno Detzkeit in die juristische Offensive und versuchte, für seine Schiffe (JAN CUX) das gleiche Recht zu erstreiten.

Diese erste Initiative gegen das Privileg des Ausbootens endete damit, dass zum einen Kapitän/Eigner Simon Konkurs anmeldete und für einige Jahre vom Helgoländer Radar verschwand und zum anderen gerichtlich festgestellt wurde, dass die Schutzhafenfunktion des Helgoländer Hafens Vorrang hat und hierfür freigehalten werden muss.

Zwei Jahre später, 1983, nahm die Alternativsuche zum Ausbooten eine folkloristische Wendung, als die Möglichkeit diskutiert wurde, einen Luftkissenbootfährdienst zwischen Cuxhaven und Helgoland einzurichten. Diese Suche verlief im Nordseesand.

Ab 1989 nahmen diese Initiativen wieder an Fahrt auf und an Intensität zu. Diesmal versuchte der Emder Reeder Maximilian Graf Spee (AG Ems) per Gerichtsbeschluss für seinen Katamaran NORDLICHT das Recht zu erhalten, im Südhafen anlegen zu dürfen. Der Streit zog sich über das ganze Jahr hin und schlug bundesweit hohe Wellen. Das Schleswig-Holsteinische Verwaltungsgericht fällte ein salomonisches Urteil, indem es feststellte, dass nach dem Buchstaben des Gesetzes alle Schiffe das Recht hätten, den Helgoländer Hafen zu nutzen. Da dieses jedoch wegen Platzmangel in der Praxis nicht möglich sei, gäbe es keine Ausnahme und alle Schiffe müssten ihre Passagiere auf der Helgoländer Reede aus- und einbooten. Die Reederei Ems AG verzichtete nach diesem Rechtsstreit vier Jahre darauf, mit der NORDLICHT Helgoland anzufahren. In der Saison 1994 tauchte der Katamaran wieder auf. Diesmal hatten sich Reederei und Börte vorab darüber geeinigt, dass die NORDLICHT ausgebootet wird. Zur Überwindung des Höhenunterschiedes zwischen Schiffsluke und Börteboot wurde das Gepäckboot NR. 5 als Steg umgebaut und funktionierte als schwimmende Gangway.

Ein Jahr später setzte der Bremerhavener Reeder Walter Niekamp einen zusätzlichen Katamaran im Helgolanddienst ein. Die NORDBLITZ wurde problemlos ein- und ausgebootet, erwies sich aber als ein Gutwetterschiff und kam nur selten zum Einsatz.

Jetzt nahm der Einsatz von Hochgeschwindigkeitsschiffen richtig Fahrt auf. 1997 waren es der Hamburger Unternehmer Arne Weber und Reeder Rainer Abicht, die in Norwegen den Katamaran VARGOY charterten und auf der Strecke Hamburg–Cuxhaven–Helgoland einsetzten. Mit Beschluss des Helgoländer Gemeinderats wurde den Unternehmern das Recht zugesprochen, die Gemeindehäfen zu nutzen. Trotz Protesten und Eingaben durch die Helgoländer Bootskorporation (in diesem Jahr vertreten durch den 1. Vorsitzenden Klaus Grahmann und 2. Vorsitzenden Richard Denker) wurde es ein Jahr später den Katamaranbetreibern vom Wasser- und Schifffahrtsamt zudem gestattet, in Ausnahmefällen den Südhafen anzulaufen. Das gleiche Recht wurde 1998 dem Katamaran HANSE JET der Flensburger Reederei Seetouristik und 1999 dem Katamaran CAT NO. 1 eines hierfür gegründeten Reedereiverbundes zugebilligt.

2000, pünktlich zur Jahrtausendwende, begann auch für die Traditionsreederei Warrings das Hochgeschwindigkeitszeitalter. Das Einrumpfschiff SPEEDY fuhr direkt vom zentralen Martini-Anleger in Bremen nach Helgoland. Es erhielt das Privileg, im Nordosthafen festzumachen, wo die Passagiere nur 50 Meter vom Lung Wai entfernt an Land gehen konnten. Nachdem sich die SPEEDY wenig später an der schmalen Einfahrt den Rumpf aufgerissen hatte, fuhr sie ebenfalls in den Südhafen.

Jetzt ging es Schlag auf Schlag. Die Doppelrumpfboote etablierten sich, wurden größer und (noch) schneller. 2001 setzte die AG Ems die POLARSTERN ein, 2002 konterte die FRS mit der FLYING VIKING, die schließlich 2003 vom HALUNDER JET abgelöst wurde. Bis 2017 brachte der Hochgeschwindigkeitskatamaran etwa 1,5 Millionen Menschen nach Helgoland. Zum Saisonende wurde er verkauft und nach Seattle (USA) überführt. Seit April 2018 ist der Nachfolger im Dienst. Mit demselben Namen, aber noch größer, noch schneller und noch komfortabler. Gleichzeitig stieg die Reederei Adler Schiffe in den Schnellfährenwettbewerb ein und durchbrach damit das Monopol der FRS. Nachdem die Hörnumer Reederei bereits in den Jahren 2016 und 2017 mit dem Fährschiff ADLER EXPRESS die Verbindung zwischen Helgoland und den Nordfriesischen Inseln wieder genommen hatte, bedient sie diese Strecken seit 2018 mit dem Katamaran ADLER CAT.

Allerdings war es keine Schnellfähre, die das Helgoländer Ausbootungsprivileg endgültig aushöhlte, sondern der 31-Millionen-Neubau HELGOLAND der Reederei Cassen Eils, der am 11. Dezember 2015 in Dienst gestellt wurde. Mit der Genehmigung, den Vorhafen anlaufen zu dürfen, wird das Schiff nicht aus- und eingebootet, was Börtebefürworter bedauern und Börtegegner begrüßen. Doch so ganz möchte auch die schnieke HELGOLAND nicht auf die attraktiven Dienste der Börte verzichten und bietet den Passagieren, die die Düne besuchen wollen, eine direkte Passage mit dem Börteboot vom Schiff zur Düne an.

Von der HELGOLAND werden Gäste vom Südhafen direkt zur Düne transportiert

Börteboote

Wie eingangs beschrieben, waren die ersten seetüchtigen Arbeitsboote der Helgoländer Fischer sogenannte Schaluppen (Helgoländisch: Slup). Bis ins letzte Jahrhundert hinein wurden diese robusten Segelschiffe hauptsächlich für den Fischfang genutzt. Sie waren etwa zehn Meter lang, hatten einen Mast und zur Stabilisierung Seitenschwerter. Die Schaluppe konnte zur Personenbeförderung mit drei Mann bedient werden, zum Fischfang mit der Langleine waren fünf Mann an Bord.

Mit Rückgang der Fischerei erwiesen sich die Schaluppen zur Jahrhundertwende als zu groß. Ersetzt wurden sie durch Mittelboote (Helgoländisch: Jöll). Sie glichen den Schaluppen, waren jedoch Flachbodenboote, kleiner (etwa acht Meter) und wendiger. Der Mast war mit zehn Metern relativ hoch. An der etwa sechs Meter langen Rah war das Großsegel befestigt (30–40 Quadratmeter). Vom Bugsprit zur Mastspitze verlief eine Leine, an der die Fock hochgezogen werden konnte. Das Großschot wurde achtern vom Bootsführer gehandhabt. Im Normalfall wurde das Mittelboot von zwei Mann Besatzung bedient. Zwischen Mast und Bugsprit befand sich der Arbeitsplatz des „Jölljong", der die Segel setzte, die Fock und die Seitenschwerter bediente und bei Bedarf das Boot lenzte. In den 30er-Jahren ging auch die Zeit der Jöllen zu Ende. Die Aufspülung des heutigen Nordostgeländes und der Bau des Dünenhafens führten dazu, dass sich die Strömungsverhältnisse zwischen Insel und Düne stark veränderten und die Jöll nicht mehr in der Lage waren, gegen die Tide anzusegeln. Es war das Ende des Segelzeitalters und der Beginn der motorisierten Börteboote, wie wir sie heute kennen.

Die neue Generation von Börtebooten ist etwa zehn Meter lang und drei Meter breit. Zum Bau verwendet wird abgelagertes Eichenholz, was ihnen ein Gewicht zwischen acht und zehn Tonnen verleiht. Das Besondere an ihrer Bauweise ist, dass nur die oberen drei bis vier Planken in Klinkerbauweise und das Unterwasserschiff kraweel, also glatt, beplankt ist. Diese Bauweise hat sich bis heute erhalten. Große Veränderungen fanden allerdings bei der Motorisierung statt. Anfangs wurden die Boote mit 4-Takter-2-Zylinder-Benzinmotoren ausgestattet. Die 27-PS-Maschinen wurden von der Hamburger Motorenfabrik Jastram und der Kieler Motorenfabrik Bohn & Kähler hergestellt. Sie mussten noch mit einer langen Stange gekuppelt werden und hatten zu Füßen des Bootsführers ein Gaspedal. Mitte der 60er-Jahre wurden viele dieser Motoren durch 4–6-Zylinder-Dieselmotoren der Firmen Hanomag, DAF, MAN, Deutz und Mercedes ersetzt, die bereits bis zu 130 PS leisteten. Später wurden auch Maschinen des italienischen Motorenbauers IVECO eingebaut. Die stärkste Maschine besitzt die CLAUDIA von Klaus Köhn,

eine MAN mit 180 PS, was sie jedes Jahr zum 10. August unter Beweis stellt, wenn sie ihre Muskeln spielen lässt.
Gebaut wurden die Börteboote hauptsächlich auf der Hatecke Werft in Freiburg/Elbe, aber auch auf den Werften Hans Dodegge in Neuhaus, Schwarz in Haseldorf, Mews und Döscher in Cuxhaven, Schwarz in Holm/Wedel und vom Bootsbauer Friedrich Kröger auf Helgoland.
Zum Neubeginn der Börte 1952 standen sieben Boote zur Verfügung, die bis dahin ausschließlich für den Hummerfang genutzt wurden. Der erste Nachkriegsbau war das Gemeindeboot NR. 1, das am 11. Juli 1952 bei Hatecke in Freiburg/Elbe nach nur 29-tägiger Bauzeit vom Stapel lief. Schnell folgte NR. 2 und weiter ging es Schlag auf Schlag. Im Mai 1965 lief der erste Nachkriegsbau eines Börtebootes auf Helgoland vom Stapel. Bootsbauer Friedrich Kröger hat die FRAUKE für Henry Bartz fertiggestellt. Noch im selben Jahr verfügte die Börte über sechs Gemeindeboote, vierundzwanzig Privatboote, fünf mittlere Boote, die bei Bedarf eingesetzt wurden, und vier kleinere Boote, die ausschließlich dem Hummer- und Knieperfang dienten.
Es waren so viele, dass der alte Rudder DIE LIEBE 1971 auf dem Bootslagerplatz für Übungszwecke angezündet und von der Jugendfeuerwehr gelöscht wurde. Ein Frevel, der heute undenkbar wäre. Schwer nachvollziehbar ist aus heutiger Sicht auch der Beschluss der Helgoländer Gemeindevertretung von 1999, das Börteboot NR. 3 der Schiffergilde Bremerhaven zu schenken. Das treue Arbeitsboot mit den meisten Betriebsstunden wehrte sich mit allen Mitteln dagegen, seine Heimatinsel zu verlassen. Das merkten Bootsführer Bernhard Wellnitz und Börtemann Jan-Uwe Helmke während der Überführungsfahrt am eigenen Leibe. Bei gutem Wetter machten sich die beiden um 12:00 Uhr mittags mit dem leergeräumten Boot auf den Weg. Geplant war, die Kaiserschleuse in Bremerhaven nach etwa sechs Stunden zu erreichen. Nicht geplant war dagegen, dass es auf Höhe der Nordergründe Nord zu einem Wassereinbruch am Stevenrohr kam und gleichzeitig die Lenzpumpe ausfiel. Die Fahrt musste reduziert und mit der Handpumpe gelenzt werden. Aus den geplanten sechs Stunden wurden zwölf und ohne Lichterführung erreichte die erschöpfte Crew um Mitternacht die Schleuse. Zwei Stunden später konnte sie im Hafen festmachen und das Pumpen dem THW überlassen.
Nachdem in den 80er-Jahren der Helgolandtourismus in die Krise rutschte, ging es auch mit dem Bootsbau auf Helgoland zu Ende. Im April 1984 wurde auf Helgoland das letzte Boot seiner Art gebaut. Bootsbauer Friedrich Kröger übergab den LONGTIMER Eigner Dieter Hobbje, der das Boot privat nutzte. Ebenfalls zur privaten Nutzung wurde 2009 der vorerst letzte Bau eines Börtebootes bei der Werft Hatecke in Auftrag gegeben. Für den Hamburger Reeder mit Helgoländer Stammbaum Erck Rickmers wurde in acht Monaten Bauzeit der bisher letzte „Rudder" in feinster Handarbeit fertiggestellt. Nach einem Höflichkeitsbesuch auf Helgoland im Juni 2010 wurde die ELENA nach Venedig überführt, wo sie noch heute die Gondeln in Aufregung versetzen soll. Ende 2017 ging der Zimmermann Jochen Crome aus Bad Bederkesa unter die Boots-

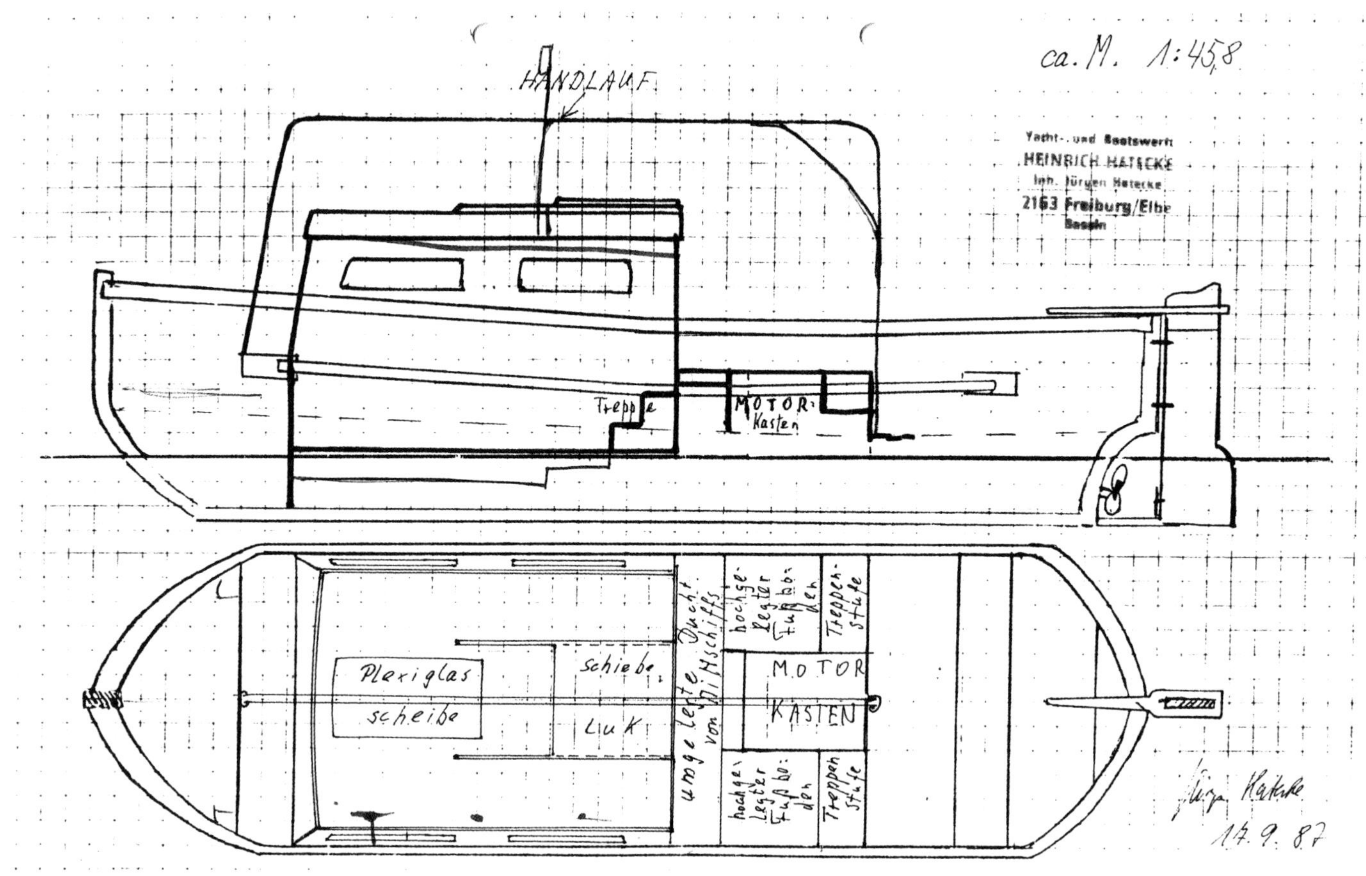

Umbauplan von Börteboot NR. 5 zur Dünenfähre

bauer. Für den gebürtigen Helgoländer Rainer Löwenstrom legte er in seiner Halle den Neubau eines acht Meter langen Börtebootes auf Kiel. Spätestens im Frühjahr 2019 soll es vom Stapel laufen. Während durch diese Aktivitäten die Zahl der Börteboote auf dem Festland zunimmt, schwimmen nur noch zehn „Rudder" in Helgoländer Gewässern. Sie sind das Herz der Börte und stellen das Aus- und Einbooten während der Sommersaison sicher.

Die Börte heute und morgen

Seit 1952 hat die Börte mehr als 25 Millionen Gäste sicher aus- und eingebootet. Bis auf wenige Lapidarfälle gab es bei diesen über 50 Millionen beförderten Passagieren (Aus- und Einbooten) keine schwereren Unfälle zu beklagen. Hiermit zählt der Anlandungsdienst der Börte zu den sichersten öffentlichen Verkehrsmitteln der Welt.

Doch die Börte ist natürlich viel mehr als nur ein öffentliches Verkehrsmittel. Sie gehört zu Helgoland wie die Lange Anna, die Hummerbuden oder der Lummenfelsen. Sicherlich gäbe es modernere Alternativen, doch die gibt es auch für die Wuppertaler Schwebebahn, die Cable Car in San Francisco oder die Rendsburger Schwebefähre über den Nord-Ostsee-Kanal.

Zur Bewahrung der maritim-attraktiven Tradition ist der Erhalt der Börte unverzichtbar. Trotzdem weht der Börte heute ein starker Wind entgegen. Nachdem der Katamaran HALUNDER JET der Förde Reederei Seetouristik im Südhafen anlegt, folgt nun auch die Reederei Cassen Eils mit ihrem Neubau HELGOLAND diesem Beispiel. Begründet wird die Abkehr vom Aus- und Einbooten neben der Frachtanlandung mit einer angestrebten behindertengerechten Barrierefreiheit. Bei genauerer Betrachtung der Örtlichkeiten im Südhafen ist diese Argumentation zumindest fragwürdig. Zu befürchten ist dagegen, dass der weite Fußweg vom Südhafen zum Inselzentrum viele Tagesgäste davon abhalten wird, das attraktive Oberland zu besuchen, womit ihnen 50 % der Sehenswürdigkeiten der Insel vorenthalten werden. Mit oder ohne Börte sollte das Ziel aller Verantwortlichen sein, dafür Sorge zu tragen, dass Helgolands Gäste auf der Landungsbrücke die Insel betreten. Das war beim Wiederaufbau das erklärte Ziel der Architekten und Städteplaner. Dafür wurde der Lung Wai geplant, der die Gäste direkt zum Fahrstuhl oder der Treppe zum Oberland führt.

Natürlich zeigt ein Blick auf die Statistiken, dass sich die Besucherzahlen in den letzten drei Jahrzehnten kontinuierlich nach unten bewegt haben. Mit verbliebenen drei oder vier Schiffen, die auf der Reede vor Anker gehen, muss der Anlandungsdienst der Börte dementsprechend reduziert werden. Andererseits sollte alles dafür getan werden, dass die Börteboote auf Helgoland verbleiben und hier für Fischerei und Tourismus eingesetzt werden. Für das Aus- und Einbooten von drei oder vier Schiffen auf Reede, zur Unterstützung der Dünenfähre, für ein erweitertes touristisches Angebot (Inselrundfahrten, Robbenbeobachtung, Angelfahrten) und Sondereinsätze (Hochzeitsfahrten, Seebestattung, Krankentransporte von der Düne) müssen auch in Zukunft Börteboote zur Verfügung stehen.

Das Gleiche gilt für das Personal, die Mannschaften der Börte. Auf einer isolierten Insel wie Helgoland, weitab von alternativen Beschäftigungsmöglichkeiten, sollte alles zur Erhaltung der etwa 30 Stellen getan werden. Möglichkeiten hierzu bieten neben dem Anlandungsdienst die Unterhaltung der Häfen und der Düne sowie ein gemeindeinterner Handwerkerpool für Reparatur und Instandhaltungsarbeiten.

Und doch ist und bleibt für Gäste und Helgoländer der Anlandungsdienst die Prägnanz der Börte. Der magische Moment, wenn die Schiffe vor Anker gehen, der Ruf „Damper leit" erschallt und die Börteboote ausfahren, um die Gäste zu begrüßen und sicher an Land zu bringen. Navigare necesse est!

links Martin Böhmer, rechts Buchtmänner Klaus Rahloff und Wolfgang Heinrich

Helgoländer Fischer
Karl Heinz Hottendorf und Klaus Grahmann ➡

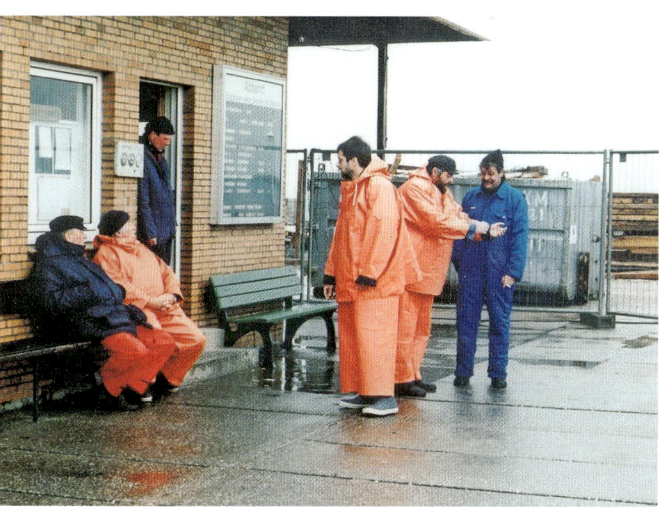

Stegmann Achim Krüss und Stegfrau Claudia Wottgen

Marcel Bräuer in der Bucht, Detlef Nitze an der Pinne

links oben Sven Kruse, rechts oben Hans-Jürgen Lorenzen

Die CLAUDIA bei rauer See

Buchtmann Wolfgang Heinrich als Galionsfigur

Ausbooten bei der LADY VON BÜSUM

Die Börte als Immaterielles Kulturerbe der UNESCO

Wird es auch in Zukunft die Helgoländer Börte geben? Noch nie wurde diese Frage so häufig und bange diskutiert wie im Winter 2016/2017. Drei Mitglieder der Börte nahmen das zum Anlass, sich nach Möglichkeiten umzusehen, wie diese einmalige maritime Tradition erhalten und zukünftigen Generationen übergeben werden kann. Sie funkten SOS und aus Süddeutschland und Nordfriesland kam die Antwort. Flößer aus Süddeutschland beantragten bei der UNESCO die Anerkennung der Flößerei als immaterielles Kulturerbe; dasselbe initiierte der Friesenrat mit dem Biikebrennen. Beide Traditionen wurden inzwischen in die Bundesliste aufgenommen. Wenn die das können ... Wochenlang wurde ein Antrag formuliert, verworfen, neu formuliert, korrigiert und ergänzt. Im April 2017 war es so weit. Der Antrag war fertig, zwei Empfehlungsschreiben vom Wissenschaftler Prof. Nils Århammar und Brückenkapitän a.D. Erich-Nummel Krüss lagen vor und die Helgoländer Gemeindevertretung beschloss am 15. Februar 2017 einstimmig, dieses Vorhaben zu unterstützen. Ausgereicht hätte jetzt der Kauf einer Briefmarke und der Versand per Post. Doch das erschien den Initiatoren als zu simpel. Die Saison hatte noch nicht begonnen und die Zeit bot sich an, den Antrag per Börteboot nach Kiel zu bringen und Ministerpräsident Torsten Albig persönlich zu überreichen.

In der Nacht vom 4. auf den 5. April 2017 machten sich von Helgoland die Börteboote NR. 1, CLAUDIA und RASMUS auf den Weg Richtung Kiel. An Bord Brückenkapitän Bernhard Wellnitz, die Kapitäne Klaus und Sven Köhn und vier Crewmitglieder. Und natürlich seesicher verpackt der Antrag. In der Elbe schlossen sich die Börteboote FREYA, MEEDLAND und PINGUIN vom Verein zum Erhalt Helgoländer Börteboote (VzEHB) der Helgoländer Delegation an. Fernsehen, Radio und die Printmedien berichteten ausführlich und begeistert von dieser maritimen Manifestation. Im Nord-Ostsee-Kanal wurden die Schleusen extra geöffnet, die großen Pötte grüßten lautstark, Lotsen- und Polizeiboote schlossen sich streckenweise dem Konvoi an und an den Ufern standen Schaulustige und winkten mit Helgolandfahnen. Nach 225 Kilometern und 19 Stunden reiner Fahrtzeit wurde in Kiel das Ziel erreicht und am Fördeufer stand tatsächlich Ministerpräsident Torsten Albig und nahm den Antrag von Brückenkapitän Wellnitz in Empfang. Noch am selben Tag ging es wieder gen Heimat und nach fünf Tagen und 450 Kilometern erreichten die Helgoländer Börteabgeordneten wieder ihre Insel. Jetzt war geduldiges Warten angesagt, was allen Beteiligten sehr schwerfiel. Nach genau einem Jahr tauchte am östlichen Himmel ein erster Hoffnungsschimmer auf: die Schleswig-Holsteinische Landesregierung beschloss einstimmig, den Börteantrag der Kultusministerkonferenz zur Aufnahme in die Bundesliste zu empfehlen. Als bekannt wurde, dass der Beschluss Anfang Oktober 2018 in Berlin gefasst werden soll, gab es kein Halten mehr. Schon bald wurde klar, dass eine Abordnung mit ihren Booten nach Berlin fahren muss, um das Anliegen der Börte zu untermauern und der Öffentlichkeit zu zeigen, dass die Kapitäne und ihre Mannschaften mit viel Herzblut hinter den gemeinsamen Zielen stehen. Mit Unterstützung der Helgoländer Kurverwaltung lief das Mammutprojekt am 25. September 2018 morgens um 7:00 Uhr bei Windstärke 7 vom Stapel. Von Helgoland machten sich die Börteboote CLAUDIA, RASMUS und ATLANTIS auf die Reise Richtung Bundeshauptstadt. An Bord der CLAUDIA wurde das Typhon der WAPPEN VON HAMBURG verzurrt. Nicht nur optisch, sondern auch akustisch sollte dem Vorhaben Nachdruck verliehen werden. In Freiburg/Elbe, Glückstadt und Hamburg schlossen sich noch sieben Börteboote des VzEHB, die STÖRTEBEKER, FREYA, FRAUKE, STEINGRUND, LOTTJEN, FRIEDA und

5. April 2017: Morgens um 4:00 Uhr Abfahrt von Helgoland

KNIEPER an. Zehn Börteboote fuhren jetzt im Konvoi über Elbe, Elbeseitenkanal, Mittellandkanal und Havelkanal. Dieses Ereignis ließen sich Hunderte von Schaulustigen an den Ufern nicht entgehen. Ob an der Schiffsbegrüßungsanlage in Schulau, an der Hamburger Elbphilharmonie, an den Schleusen oder der Autostadt Wolfsburg, überall flogen den Börtebooten und ihren Besatzungen die Herzen der begeisterten Menschen zu. Am 3. Oktober, dem Tag der Deutschen Einheit, war das Ziel erreicht. Am Schiffbauerdamm, gegenüber dem Kanzleramt, mischten sich jetzt grün-rot-weiße Farben mit schwarz-rot-goldenen. Helgoland hatte Berlin erobert. Damit dieses Ereignis auch jeder mitbekam, dröhnte das Schiffstyphon der WAPPEN VON HAMBURG und ließ die Scheiben im Bundeskanzleramt klirren. Die Reise über 1000 km hatte den 25 Beteiligten alles abverlangt. Die Tage waren lang, noch länger die Wartezeiten an den Schleusen, es war teilweise bitterkalt, spätabends wurde fest gemacht und frühmorgens ging es weiter, es wurde mit Bordmitteln repariert und in 5-l-Kanister Diesel von Tankstellen herbeigeschafft. Doch überall gab es hilfreiche Hände und alle Klippen wurden letztlich heil umschifft.

Am 10. Dezember 2018 bekamen die Beteiligten und alle Freunde Helgolands und seine Börte es mit Brief und Siegel, dass die Anstrengungen nicht umsonst waren: die Deutsche UNESCO Kommission beschloss die Aufnahme der Helgoländer Börte in das Bundesweite Verzeichnis des Immateriellen Kulturerbes.

Durch die Elbe und den Nord-Ostsee-Kanal

Auch wenn es manchmal eng wurde …

… auf breiter Front, mit breiter Brust nach Kiel

In Formation durch den Nord-Ostsee-Kanal

Presserummel um Brückenkapitän Bernhard Wellnitz

Brückenkapitän Bernhard Wellnitz überreicht Ministerpräsident Torsten Albig den Antrag

Mission erfüllt: Am 7. April 2017 Rückkehr nach Helgoland

Gen Osten

Morgenstimmung im Hafen von Uelzen

Rüm Hart, kloar Kimmen!

Herbstliche Farbenpracht

Zu Gast beim Internationalen Maritimen Museum in Hamburg

Von frühmorgens bis spätabends

Ziel erreicht

Mission erfüllt

Triumphale Rückehr am 9. Oktober 2018

Verein zum Erhalt Helgoländer Börteboote (VzEHB)

2014 waren die Helgoländer Börteboote vom Aussterben bedroht. Auf der Insel gab es von einst über 30 Ruddern nur noch 14. Die restlichen waren irgendwann auf dem Festland gelandet, lagen dort halb vergammelt im Schlick oder verrotteten in Schrebergärten oder auf Kinderspielplätzen vor sich hin. Als auf E-Bay das Börteboot STÖRTEBEKER zum Verkauf angeboten wurde, horchten auf der Insel und auf dem Festland Bewunderer und Liebhaber dieses einzigartigen Bootstyps auf. So geht es nicht weiter, sagten sie sich und gründeten kurzentschlossen den Verein zum Erhalt Helgoländer Börteboote. Sie recherchierten im Internet und fuhren im Auto durch die Lande, um die vergessenen Boote aufzuspüren. Schon bald wurden sie in Büsum, Cuxhaven, Bremerhaven und Hamburg fündig. Es wurde gefeilscht und gehandelt, und bereits im ersten Jahr gelangten vier Rudder in Vereinsbesitz. Ihr Ziel war die Bootswerft Hatecke in Freiburg an der Elbe. Unter der Leitung von Rainer Hatecke wurden sie liebevoll in Hunderten von Arbeitsstunden von den Vereinsmitgliedern restauriert und in Schuss gesetzt.

Heute besitzt der Verein und seine Mitglieder 15 Börteboote, wovon zwei auf Helgoland im Landungsdienst eingesetzt werden. Natürlich nehmen alle Boote am 10. August an der Börtebootregatta teil. Gemeinsam mit den Booten der Gemeinde bieten sie ein imposantes Bild, das ein wenig an alte Zeiten erinnert und die Herzen der Börtebootliebhaber höherschlagen lässt. Vereinsvorsitzender Rainer Hatecke und Brückenkapitän Bernhard Wellnitz haben es zudem geschafft, eine enge und herzliche Verbindung zwischen Verein und Börte herzustellen. Die gemeinsamen Fahrten nach Kiel und Berlin haben Verein und Börte zusammengeschweißt. Viele Vereinsmitglieder vom Festland lassen es sich nicht nehmen, in den Tagen um den 10. August der Börte in der Hilfsmannschaft zu helfen.

Wer den Verein unterstützen möchte, kann sich auf der Website www.vzehb.de informieren oder direkt an den 1. Vorsitzenden Rainer Hatecke wenden: Tel.: 01717453891, E-Mail rainer@vzehb.de.

Attraktion beim Hafengeburtstag in Hamburg

Liegeplatz in Freiburg/Elbe

Durch den Hadelner Kanal

Winterarbeit und Sommervergnügen

Klaus Degenhardt auf dem Weg zum Hafenfest in Bremerhaven

Besuch bei den Börtefreunden in Absersiel

Liste der Börteboote, die dem Verein oder seinen Mitgliedern gehören (Stand 6/2018)

NO.3, Eigner: Schiffergilde Bremerhaven, Baujahr 1953, Bauwerft: Schwarz, Holm
STEINGRUND, Eigner: J. Crome, Baujahr 1954, Bauwerft: H. Hatecke
MEEDLAND, Eigner: J. Brauckmann, Baujahr: 1957, Bauwerft: Döscher, Cuxhaven
FREYA, Eigner: Hatecke/Peters, Baujahr: 1958, Bauwerft: H. Hatecke
TÖLPEL, Eigner: Reimer Landberg, Baujahr: 1958, Bauwerft: H. Hatecke
BARBARA, Eigner: VzEHB, Baujahr: 1962, Bauwerft: H. Hatecke
LOTTJEN, Eigner: Oliver Seibel, Baujahr: 1962, Bauwerft: H. Hatecke
JAN VAN GENT, Eigner: S. Kanje, Baujahr 1963, Bauwerft: H. Hatecke
FRIEDA, Eigner: H. u. H. Meins, Baujahr: 1964, Bauwerft: H. Hatecke
STÖRTEBEKER, Eigner: VzEHB, Baujahr 1964, Bauwerft: H. Hatecke
FRAUKE, Eigner: C. Wottgen, Baujahr: 1965, Bauwerft: F. Kröger, Helgoland
KLEINER HINNERK, Eigner: VzEHB, Baujahr 1966, Bauwerft: H. Hatecke
RASMUS, Eigner: S. Köhn, Baujahr: 1966, Bauwerft: F. Kröger, Helgoland
PINGUIN, Eigner: D. Haas, Baujahr: 1967, Bauwerft: H. Hatecke
PETRA, Eigner: Jürgen Weidemann, Baujahr 1969, Bauwerft: F. Kröger, Helgoland
CLAUDIA, Eigner: Klaus Köhn, Baujahr 1972, Bauwerft: H. Hatecke
PREZIOSA, Eigner: R. Wittmaack, Baujahr 1988, Bauwerft: H. Hatecke

Aus alt wird neu

Gut beäugte Aktion

Zu guter Letzt Börtebraten

Zum 100. Jubiläum der Abtretung der britischen Kronkolonie Helgoland an das Deutsche Reich ließ sich am 10. August 1990 der Helgoländer Schlachter Roland Erler etwas Besonderes einfallen und kreierte den Börtebraten. Hierbei handelt es sich um einen Schweinenackenbraten, der gepökelt und mit speziellen Gewürzen verfeinert wird. Die Gewürzmischung ist bei der Zubereitung das A und O und unterliegt der absoluten Geheimhaltung, was auf Helgoland nicht einfach ist, aber in diesem besonderen Fall hervorragend funktioniert. Seit einigen Jahren bereitet Roland Erler den Börtebraten nicht mehr am 10. August zu. Zu genießen ist er jetzt jährlich anlässlich der Pfingstregatta vor seiner Hummerbude, die leicht daran zu erkennen ist, da sie von einer Traube blau betuchter Börteleute umlagert wird.

Ohne kräftigen Rückenwind hätte ich dieses Buch nicht schreiben können.
Für volle Segel sorgte in erster Linie unser ehemaliger Brückenkapitän Erich-Nummel Krüss. Verproviantiert wurde ich von Jörg Andres, Leiter des Museums Helgoland.
Für den richtigen Kurs und zur Vermeidung von Untiefen hielten Richard („Haddi“) Denker, Karl-Heinz Hottendorf, Rickmer („Ricki“) Köhn und Klaus Köhn auf der Brücke Wache.
Andreas („Scholle“) Schulz dokumentierte fotografisch die lange Reise und Rainer Hatecke kalfaterte gewissenhaft undichte Stellen.
An Deck und in der Maschine standen mir bei Wind und Wetter meine Kolleginnen und Kollegen von der Börte und dem Verein zum Erhalt Helgoländer Börteboote (VzEHB) hilf- und kenntnisreich zur Seite.
Finanziert wurde die Reise aus der Schatztruhe von Klaus Störtebeker, von der Gemeinde- und Kurverwaltung Helgoland, dem Museum Helgoland, dem VzEHB und den Helgoländer Unternehmern Joachim Gehrmann und Claus-Jürgen Voss.

Danke an alle!

HB